管理職・
ミドルリーダー
のための

元気な学校づくりの秘訣

縦糸・横糸20項目のチェックと改善提案

横藤雅人［著］

さくら社

はじめに

あなたの学校の教職員は、元気ですか？

教育は、未来をつくる誇り高い仕事です。そして、学校はその喜びに満ちた職場です。子供の可能性を拓く感動があります。子供の成長に共に関わることのできる仲間同士の深いつながりがあります。それは、他の職種では味わうことのできない、学校ならではの魅力です。

しかし、今、元気のない学校が増えつつあるように思います。

文部科学省のデータによりますと、メンタルヘルスに不調を覚える教職員は増え続けています。私の身近にも、そのような教職員が少なからずいますが、彼らと話していると必ず浮かび上がるのが暗い職員室です。

彼らは、あまり笑い声が聞かれない職員室で孤立していることがしばしばです。また、若年層に仕事が偏り、叱責が多くなりがちな実態も多く耳にします。

学校が暗くなり、教職員から元気が失われていくのを黙視できない思いからこの本を書きました。元気な学校づくりを実現するための要件、それを本書で明らかにします。

「劇団・広尾小」集合

私は、小学校の現場で十年間管理職を務めました。そのときに試みたこと、失敗の中から学んだこと、たくさんの仲間から学んだことを元に、元気な学校づくりのポイントを「織物モデル」（第一章参照）に基づいて具体的に述べていきます。

第一章と二章の写真は、ほとんどは私のかつての勤務校のものですが、一部北海道広尾町立広尾小学校のものを使わせていただいています。

広尾小学校は、生き生きとした教育に取り組んでいる元気な学校です。写真で分かるとおり、子供たちも先生たちもとても明るく、崩壊状態の学級は一つもありません。（右端が校長先生、左端のお二人が担任の先生です。）若い先生が多い中、校長先生をはじめとするチーム体制で、人材育成もしっかりと行っています。

令和元年度、私は広尾小学校を四回訪問させていただき、先生たちと学級経営や授業について共に考える場をい校内の問題場面を分かりやすく伝えられるようになりました。

度）に演技してもらい、担任の先生に撮影していただきました。この、「劇団・広尾小」の写真により、

ただきました。その御縁に甘え、本書のために、学校で見られがちな問題場面を、六年生（令和元年

第三章に登場するのは、元気な学校づくりに頑張っている管理職やミドルリーダーたちです。「学校づくり　縦糸・横糸チェックリスト」の検証を依頼しましたところ、待っていましたとばかりに協力してくださいました。そして、すべての学校で目覚ましい成果が得られました。

折しも、新型コロナウイルスの感染が広がり、どの学校も令和元年度の年度末から二年度の一学期にかけては大変な状況でした。そんな中でも、元気な学校をつくっていった管理職やミドルリーダーたちの挑戦と、目を見張る成果をじっくりと御覧ください。

本書が、元気な学校づくりを目指す管理職やミドルリーダーの皆さんの応援歌になることを心から祈っています。

なお、これまでの拙著と同じく、本書の印税はすべて北海道児童養護施設協議会に寄付します。

令和三年六月

横藤雅人

管理職・
ミドルリーダーのための

元気な学校づくりの秘訣

縦糸・横糸20項目のチェックと改善提案

もくじ

(2) 横糸

第三章

ドキュメント・学校づくり 125

付録

第一章

あなたの学校は元気ですか?

あなたの学校の教職員は生き生きしていますか?
いろいろなことはうまく回っていますか?
学校の元気度をチェックしてみましょう。

1　学校の元気度をチェックしましょう

次の二十の項目で、「できている！」と思えるものはどれとどれですか？
直感で☑を付け、【その1】【その2】の数を数えてみましょう。

【その1】

- □ 管理職やミドルリーダーは、教職員が学校経営方針をしっかり意識するよう働きかけている。
- □ 管理職やミドルリーダーは、授業を見て気付いた点を教職員に伝えている。
- □ 教職員が共有すべき情報は、掲示やプリント等により明確に示されている。
- □ 教職員（教員以外も含む）はお互いに丁寧な言葉で話している。

【その2】

- □ 朝や退勤時の挨拶は、管理職も含め、はっきりとした声で交わされている。
- □ 職員室にはよく明るい笑い声が響く。
- □ 管理職やミドルリーダーは、本を教職員との話題にしている。
- □ 教職員は、経験年数や在校年数に関係なく意見を述べ合っている。
- □ 教職員は、生徒指導や学級経営について情報交換している。

□ 会議や校内研修会は、定刻に始まっている。
□ 各学年や学級で目指すべき生活や学習のルールは、明確に示されている。
□ 特別教室や印刷室、準備室などの共有の場に私物は置かれていない。
□ 校内には、有効期限が過ぎた掲示物は貼られていない。
□ 子供がルールに反した際、教職員は解決のイメージを共有して行動できる。
□ いじめや家出などがあった際は、全教職員が組織的に対応している。

【その1】の合計＝（　　）個

□ 教職員は、日常的に授業や指導を見合っている。
□ 作成したプリントや通信類は、他の教員にオープンにしている。
□ 複数で授業をする際は、打合せと振り返りがスムーズにされている。
□ 行事の準備や環境整備等の作業時は、全員が協力している。
□ 管理職も児童生徒の全体指導や授業にあたっている。

【その2】の合計＝（　　）個

2 あなたの学校の元気度は？

学校の元気度マップ

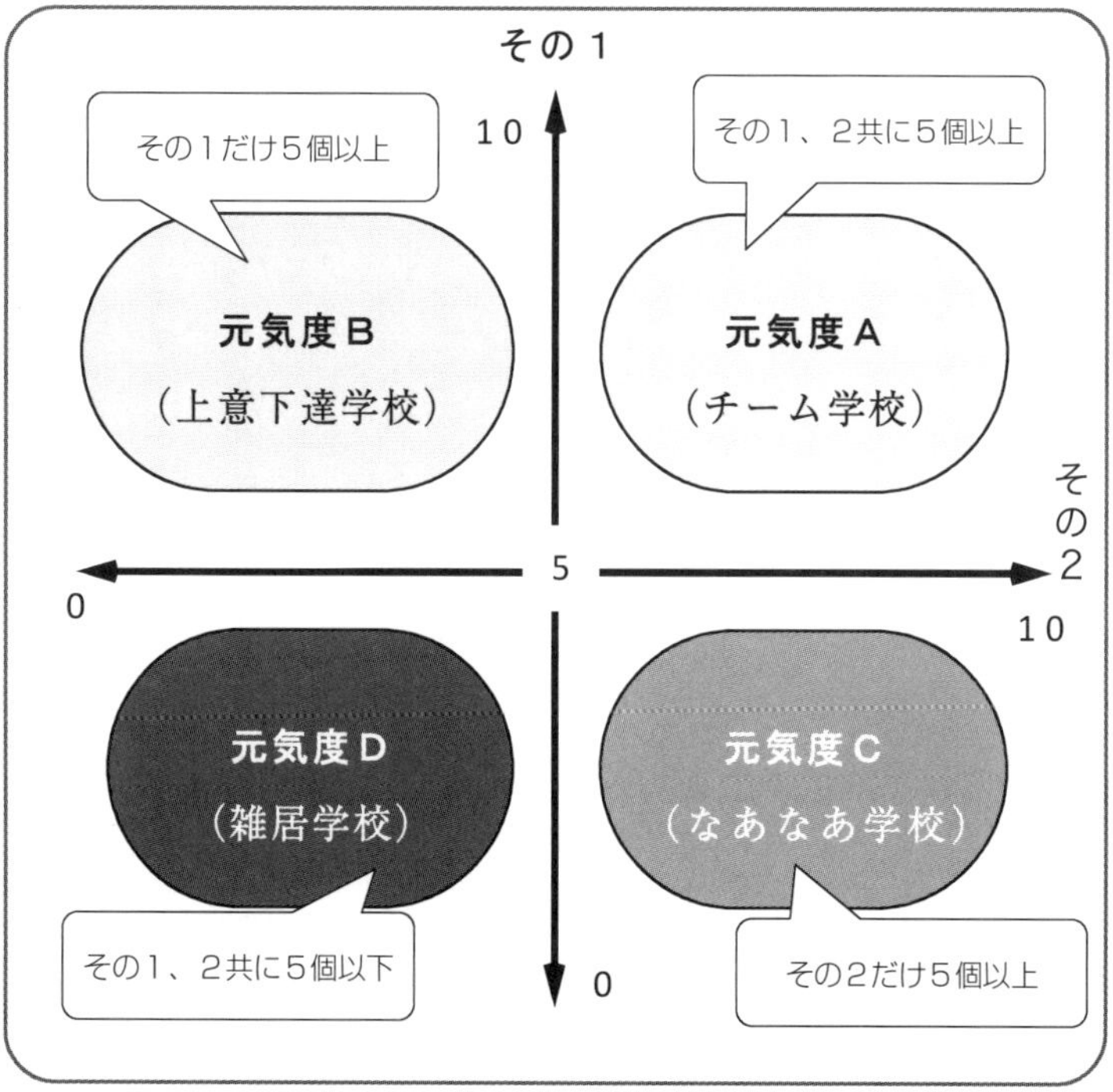

チェック結果を、上の図に位置付けてみましょう。縦の軸が【その1】。横の軸が【その2】です。

縦と横の得点により、学校の元気度が四つに分けられます。

目指すべきは元気度Aの**「チーム学校」**です。リーダーシップがしっかりとしていて、教職員同士が互いに信頼し合い、意思疎通がしっかりとされています。課題が多い場合でも、一丸となって乗り越えていく力がある学校です。

Bの「**上意下達学校**」は、リーダーシップが強いので、まとまりはあります。規律に関する大きな問題は起こりにくいかもしれません。しかし、教職員同士の信頼や意思疎通が弱いため、孤独感や疲れを感じている教職員がいることが考えられます。チームではなく「群れ」の状態です。「チーム学校」に向かうための通過段階としてはあり得るのですが、やや危うい状態です。

Cの「**なあなあ学校**」は、和やかなのですが、共通の目標に向かう意識も動きも希薄です。そのため、問題への対応が遅れがちで、問題がこじれたり解決が長引いたりすることがよくあります。また、職場の雰囲気はそう悪くはないのですが、孤独感を感じている教職員がいることが予想されます。教職員の中にグループができていることもあります。これも「チーム学校」に向かうための通過段階としてはあり得るのですが、やや危うい状態です。

Dの「**雑居学校**」は、明らかに危ない状態です。共通の目標に向かう意識も動きも弱いため、その隙間につけ込んで、自己中心的な言動に走る子供の問題や保護者対応に振り回されやすくなります。教職員には、自分のがんばりが、学校づくりにどう結びつくのかが見えていません。「隣は何をする人ぞ」状態に置かれやすくなります。自分のことしか考えない学級王国が生まれやすくもなります。精神的な要因により、休職する教職員も出やすくなっています。

たった二十のチェック項目から、なぜこのように言えるのか。

それは、これらが教職員の願いを表す要素群だからです。

教職員の願いに応える学校は元気になり、応えられない学校は病んでいくのです。

心理学者のアルフレッド・アドラーは、「すべての悩みは対人関係の課題である。」と言っています。

二十のチェック項目は、学校での対人関係のあり方を決めている要素なのです。

3　学校づくりは織物のように

学校における対人関係の一つは、教職員と児童生徒、あるいは管理職やミドルリーダーとその部下である教職員の**「上下の関係」**と**「ルールやシステム」**です。もう一つは、立場を越えた、同じ人間としての**「フラットな関係」**です。**教職員の願いに応える学校は、「上下の関係」「ルールやシステム」と「フラットな関係」がきちんと機能している学校**なのです。

これは布を織るのに喩えると分かりやすいです。そもそも、教育は「糸偏」の文字と相性がいいのです。（組、織、級、絆、系、統、結ぶ、紡ぐ、継ぐ、続ける、練る、縁……）

布を織る際は、「縦糸」と「横糸」を絡ませます。対人関係も、**「上下の関係」「ルールやシステム」という「縦糸」**と、**「フラットな関係」という「横糸」**を組み合わせていくと考えるのです。これら二種類の糸がしっかりしていて、うまく絡み合っているときに、織られる布は強く美しくなります。

私は、この喩えは教育困難時代の学級づくりや授業を考える際の強力な指針になると考え、「織物モデル」と名付けて発信してきました。拙著『必ずクラスがまとまる教師の成功術！　学級を安定させる縦糸・横糸の関係づくり』（野中信行・横藤雅人著　学陽書房　二〇一一年）は、その代表です。

教育現場には、「AかBか」という二者択一の思考が入りやすいようです。

例えば、不勉強な指導主事が各学校で指導する際の次のような言葉は、その典型です。

「これからは『指導』から『支援』へと転換していきましょう。」

「いまだに『教師主導』の授業が多く見られます。そのような授業から脱却して、『子供主体』の授業を実現しなくてはなりません。」

これらは、「指導」と「支援」、「教師主導」と「子供主体」を共存できないもの、相反するものとして捉える「AかBか」思考の例です。この思考は、「かくれたカリキュラム」（186ページ参照）として働いていきます。

教師たちが、しっかりと指導しなくてはならない場面においても「指導してはいけない」と知らないうちに手を引いてしまい、子供たちや保護者からの信頼を失い、学校の元気を奪っていくのです。とても残念です。

現場を元気にする発想は、多くの場合「AかBか」ではなく、「AとBを」です。異なるベクトルの発想や方法をバランスよく案配する発想です。

そして、「織物モデル」は、「AとBを」の提案なのです。

我が国における「AとBを」の先駆は、PM理論でしょう。社会心理学者である三隅二不二氏らにより1966年に提唱されたリーダーシップ論です。PMのPはPerformance function（目標達成機能）であり、MはMaintenance function（集団維持機能）です。三隅氏らは、このリーダーシップの2つの機能の発揮度を4つの象限に分けて処方を示しました。

また、早稲田大学の河村茂雄氏が提唱した「Q-U理論」も、望ましい学級経営の要素をルールとリレーションのバランスで捉えたものです。学級経営を「楽しい学校生活を送るためのアンケート」によって診断し、ルールとリレーションが同時に確立している状態を「満足型学級」、リレーションの確立がやや低い状態を「管理型学級」、ルールの確立がやや低い状態を「なれあい型学級」としています。「Q-U理論」は、何と言っても豊富なデータの分析から信頼性の高い診断が下されるところに、大きな特長があります。

「学級経営の織物モデル」は、「Q-U理論」と時期をほぼ同じくする1985年に当時自分が代表を務めていた研究サークルにて発表したものですが、当初から「モデル」と銘打ちました。それは、当初からデータを集め、適切な診断を下して理論を補正していくことを目指していなかったからです。理論化するより、一人一人の教師が、「AとBを」という発想を生かして、各学級・学校での実践を直感的・創造的に創り上げてほしいと願ったからです。

「学級経営の織物モデル」を発表した後の1990年代、全国で多くの方が「縦糸・横糸理論」として、紹介してくれたことがありました。しかし、私はそれを有り難いと思いつつも、「理論ではなくモデルです。」とやんわり否定してきました。データを集め、分析していくことをあえて避けたからです。

本書も「織物モデル」の本です。ざっくりとした縦糸と横糸のイメージで、御自分の学校経営や運営を捉え、チェック項目も各学校の実態に合わせて自由に変えながら、直感的・創造的な経営・運営の改善に生かしていただきたいと思っています。

織物を織るときには、織機にまず「縦糸」を張ります。

学校づくりの場合は、管理職やミドルリーダーが、方針や指示を明確に示し、それを確かめ続けること、そのためのルールやシステムを整備・運用することが「縦糸」を張ることにあたります。「縦糸」が弱くては、そこに「横糸」をうまく絡ませることはできません。「縦糸」をしっかりと張ることが、まずもって大切なのです。

しかし、「縦糸」はきつすぎても、密すぎてもうまく布を織ることはできません。「横糸」を絡めることのできるしなやかさと適度な隙間が大事です。

そのしなやかさや隙間に、「横糸」を絡めていきます。**互いを認め尊重し合い、心を通わせていく**「横糸」で、布が少しずつ織られていきます。

布を織り進めると模様が浮かび上がり、厚みが増していきます。「縦糸」と「横糸」が支え合って、強くなっていきます。しっかりと織り上がった布は、織機からはずしてもほどけず、教職員の心にずっと残り続けるでしょう。転勤や退職の後でも、その学校のことを思い出すと、温かな気持ちになれるでしょう。その学校で学んだことを、次の職場や家庭、地域でも生かして、明るく温かく周りをリードしていけるでしょう。

チェックリストの【その1】は、「**縦糸**」です。主に**管理職やミドルリーダーが示す学校づくりの目標や時間、ルール、整理・整頓、協業体制などのシステムに関わるもの**です。これらがしっかりとしていることで、教職員は、学校における自分の立ち位置を知り、どのように学校づくりに関われば良いのかが分かり、安心して活躍することができます。

【その2】は、「**横糸**」です。**管理職やミドルリーダーも含めた教職員同士が同じ人間として認め合えることで**、教職員は学校に自分の居場所があると感じ、仲間と共に進もうと考えるようになります。

この二つの糸をしっかりと張ることのできる学校。それが教職員の願いに応える元気な学校です。

願いに応えられたなら、教職員は生き生きと動き出します。

そんな、元気な学校をつくりましょう！

第二章

縦糸・横糸
項目解説

ここでは、チェック項目の解説をします。

どの項目も、

◆こんなこと、ありませんか？

◇こうしてみませんか？

で構成されています。

●●●

「こうしてみませんか？」では、私の取組や、訪問させていただいた学校の取組の中から、元気な学校づくりに確実に効果が得られる実践を紹介しています。

❶ 縦糸

①管理職やミドルリーダーは、教職員が学校経営方針をしっかり意識するよう働きかけている。

学校がチームとして機能するためには、教職員が共通して目指す明確な方針が必要です。それが、年度初めの職員会議で示す学校経営方針です。

一年間の学校経営の方針は「文科省や教育委員会がこうするようにと言っているから、こうしてください。」というような受け身的なものであってはなりません。校長が、学校の実情を捉え、預かる子供たちへの愛を基盤とした確かで具体的なビジョンを示し、教職員がその実現に向けて使命感を燃やすものでなくてはなりません。それを前提とした上で、ここではその方針の実現に向けて、教職員が一体となって動いていくための工夫について考えましょう。

◆こんなこと、ありませんか?

①年度初め

第一回職員会議が終わり、学年団の打合せが始まりました。しかし、誰も先ほど提示された学校経営方針を手にしていません。

「では、今年はこのメンバーで。役割分担は、昨年度と同じでいいですね。」

「あれ? さっき校長、何か見直して欲しいって言っていませんでしたっけ?」

「えっ、何か言っていた? でも、まあ今年も昨年度並みでいいでしょう。」

次に校務分掌部会が始まりました。

「たしか、校長は行事のスリム化を考えて欲しいって言っていましたよね。でも、今までしてきたことを見たけれど、もうこれ以上私たちのところから減らすのは無理でしょう。」

「まあ、他の部が考えてくれるんじゃないですか。私たちは、昨年度までと同じで……」

②日々の取組の中で

学校経営方針に「共感的理解」を盛り込みました。保護者アンケートに、子供たちの気持ちに配慮して欲しいという要望が多くあったことを挙げて、

「叱ることももちろん大事ですが、まず子供の言い分もきちんと聞き、頭ごなしに叱って終わりとい

う指導にならないようにしてください。」

と、伝えました。ところが、その後あちこちで、依然として頭ごなしの指導や、そしてそれに対する子供の反発が見られます。

「やっぱり、一人一人の先生たちのセンスの問題なのかなあ。」

と校長がぼやくと、教頭もミドルリーダーもため息をつきました。

◆こうしてみませんか？

これらは、学校経営方針がお飾りになってしまっていることの表れです。これらに対し、何も言わないのは、それでいいと言っているのと同じです。**「かくれたカリキュラム」**（186ページ）です。管理職やミドルリーダーは、**方針を示すのは始まりに過ぎない**ことを知り、示した後の戦略を立てるべきです。

①年度初め

年度初めの職員会議の司会は、教頭かミドルリーダーが務めます。そして、司会者は、校長が学校経営方針を示したら間髪入れず

「では、今の方針を受けて、学年でどうするかを三分程度話し合ってみましょう。」

と指示し、学年団での**交流を促します**。これにより、「方針は飾り物ではない」「各学年は方針を受けて、学年としての方針や計画を考えるのだ」が伝わります。時間は少しでいいのです。教職員はにぎやかに話しながら、再度学校経営方針に目を通します。自然に質問が出たりもします。

その後は、教頭やミドルリーダーが、自分の業務に関わることについて、**学校経営方針に沿った具体的な指示を付け足す**ことです。

「今月中旬頃に、個人の目標シートを提出してもらいます。そこに、今校長先生から示された四つの重点のうち、特に挑戦したいものを一〜二選んで明記してください。」

「この後の学年会で、今年度の重点を学年でどのように具現化するかを話し合って、五月に提出する学年経営案に明記してください。」

「午後からは、各部で今年度の計画を立てると思います。そのときに、各部の目標に、『学校経営方針の具現化にあたって』という小項目を付け加えてください。」

といったようにです。こうした指示は、次ページのようなプリントで示すと明確に意識されるでしょう。

このように、学校経営方針に、**個人や担当部署がどう関わるかを表現する場を設ける**のです。

さらに、各学年や各部のプリント案ができた段階で、学年主任や各部のチーフを集めて、学校経営方針との**整合性や各学年・各部との一貫性を検討**します。

○○部運営計画案

1．学校経営の具現化にあたって

2．子供たちの実態、昨年度の課題

3．今年度の○○部の目標

4．年間計画

○○年学年経営案

1．学校経営の具現化にあたって

2．子供たちの実態

3．今年度の学年経営の目標

4．年間計画

②日々の取組の中で

示した方針は、**日々の小さなこと、一人一人の児童生徒の中にいかに実現できるかが勝負**です。

日々の学級経営や授業、生活指導、生徒指導、行事などの中で、方針の実現に向かっていると思われたら、その**小さなことを取り上げてきちんと評価**すべきです。

反対に、学校経営方針から逸脱・逆行していると思われた際は、きちんと注意を促します。ただし、その際は三つの配慮を忘れないようにします。

一つは、**他の教職員の前で注意を促さない**こと。他の人の前で不備を指摘することは、プライドを著しく傷つけます。

二つめは、注意された教職員が「どうして自分だけ」と思わないようにすること。**類似の行動をしている教職員を見逃していないかを確認**しなくてはなりません。

三つめは、後に少しでも改善が見られたら、

「この間お話ししたこと、しっかり受け止めてくれていますね。うれしいです。ありがとう。」などと**しっかりフォロー**することです。

②管理職やミドルリーダーは、授業を見て気付いた点を教職員に伝えている。

日々現場で展開されている教育活動は、学校経営方針の具現化です。「事件は現場で起きている」のですから、指導の現場を見ずして経営は成り立ちません。管理職やミドルリーダーは、毎日学校を見回り、点検・評価・修正（必要に応じて）しなくてはなりません。

◆こんなこと、ありませんか？

①「ここは見なくても大丈夫」

教育委員会から「崩壊状態の学級が複数あるので、アドバイスしてほしい」と頼まれ、ある学校を訪問しました。さっそく校長、教頭と共に回ろうと、職員室から一番近い学級の前で立ち止まりまし

たら、校長は手を振って
「いや、ここは見なくても大丈夫です。」
と言います。「？・？・？」と思っていると、
「ここは、今のところ立ち歩きなどはありません。」

②発表者に集中していない多数の子

ある教室で、一人の子が実物投影機で映し出したノートを使って、自分の考えを発表していました。しかし、他の子はあまり集中していません。案内してくれた研修部長は、それに対して何もコメントしません。

◆こうしてみませんか？

右の二つの場面での私の関わりを紹介します。

①「ここは見なくても大丈夫」

私は

※写真は「劇団・広尾小」によるものです。

「でも、少しだけ見せてください。」

と頼み、一分くらい見せてもらいました。そして、廊下に出てから校長たちに言いました。

「確かに今は立ち歩きなどはないですね。でも、この先生は毎年夏休み近くから学級経営に苦労されるのではないですか？」

校長、教頭は目を丸くして、「どうして分かるんですか？」

そこで、小さな声で
「ほら、話している先生の目線は、子供たちの方は見ているけれど、焦点が子供たちの頭上にあり、一人一人の表情や手元をしっかりとは見ていませんよね。あの子とあの子に空白の時間があっておしゃべりが出始めていることに気付いていません。そのため、全くフォローもできないのです。今のところ子供たちは先生の大きめの声に押されておとなしくしています。でも、それは先生を信頼し、学習に集中しているからではありません。今、よそ見や手遊びをしているのは、どこまで許されるかアドバルーンを上げて試しているのです。これを見逃すと、おしゃべりが大きくなり、やがて立ち歩きが出てきます。にっちもさっちもいかなくなってから何とかしようとするのではなく、今何とかなっている学級や先生を崩さないように関わることが大事です。予防がもっとも大事なのです。なので、学校を回る際は、全学級を回るべきです。」

と伝えました。

大きな問題は起こっていなくても、目をこらして見れば、必ず改善点が見つかります。だから、全学級を見回るべきです。必ず、問題点やそれぞれの教職員の小さな工夫が見つかります。

問題点については、それを伝えることが、学級崩壊の予防にもなります。工夫については、それを認めたり広げたりするべきです。

②発表者に集中していない多数の子

この場面では、私は横から少し小さな声で授業者に声をかけました。

「先生、聞いていない子がいるようですよ。」

授業者が子供たちの方に目をやりますと、クラス中が一斉に発表者に集中しました。研修部長は、びっくりして

「なるほど！　こういうことを見逃してはいけないんですね！」

と納得していました。

このように外部の人間から気付きを伝えるのもいいのですが、普段からよく観察して、実態がよく

※写真は「劇団・広尾小」によるものです。

分かっているその学校の管理職やミドルリーダーによるアドバイスの方が、いいでしょう。また、ほんの数秒で授業の改善ができるようでしたら、関わるのもいいでしょうが、その場で二十秒以上子供たちを待たせておいて、だらだら話すのはいけません。

観察の視点や結果の伝え方には、各人の力量や個性が大きく反映されます。ですから、特に一学期の間は、管理職やミドルリーダーは、**複数で校内を回り**、お互いの観察の視点から学び、観察眼や教職員への伝え方を鍛えるようにするといいでしょう。

訪問の際は、授業者も子供たちも歓迎してくれるような**ちょっとした心遣い**をしたいものです。例えば次のようなことです。

○訪問を予告しておく

年度初めに

「管理職やミドルリーダーは毎日授業を見に行きます。手伝うことがあったら言ってくださいね。」

と予告しておきます。

また、

「もしも子供たちを叱るなどの指導中で、入って欲しくないときは、遠慮なく断ってください。」

などと言っておくと、安心してくれます。

タブレットによる授業の振り返り

机間指導の時、空白の時間ができて、遊んでしまっている子がいたね。
あ、本当ですね！　どうすれば良かったんでしょう？

○入室は前の戸から

教室へは**前の戸から入るのが原則**です。後ろから入ると、一人の子がそれに気付いて振り向き、それを察知した他の子が振り向き、さらに他の子が、と振り向きの連鎖が起こりがちです。前から入った方が、授業の邪魔をしなくてすみます。もし、入室者の方を見ている子がいたときは、そっと授業者の方を指させば、すぐにそちらに目を向けます。また、後ろから入ると、子供たちも授業者も「授業（者）を見に来た」と思いますが、前から入ると「子供たちを見に来た」と受け取ります。

○胸に赤ペン、手にタブレット

赤ペンを持参し、機会があれば丸付けの手伝いをします。指導の様子を**タブレットで撮影**しておき、上のように放課後などにその写真や動画を見せて具体的にアドバイスを伝えるのが効果的です。自分の指導を客観的に捉えるのは、意外と難しいものですが、映像があるとぐっと捉えやすくなります。

また、ときには、個々のがんばりを写真や描写で**校内通信**にして教職員に、あるいは**ホームページや学校便り**などで保護者や地域に知らせるのもとても効果的です。（次ページは、その例です。）

各教職員の実践を互いに知り合うのが難しいものです。それが、こんな工夫で伝わりやすくなります。

○付箋でメッセージ

授業者の工夫や子供たちのがんばりを、**メモ型の付箋に一言書いて渡します**。その際は、アドバイスより感動を伝えるようにします。（131ページも参照してください。）

このメッセージは、教職員を元気にします。この付箋を、ノートにたくさん貼って

「宝物です。」

とうれしそうに言う教職員もたくさんいます。

ただし、付箋を渡すのが特定の教職員に偏らない配慮が大切です。

各教室だけでなく、次のところもしっかりと見たいも

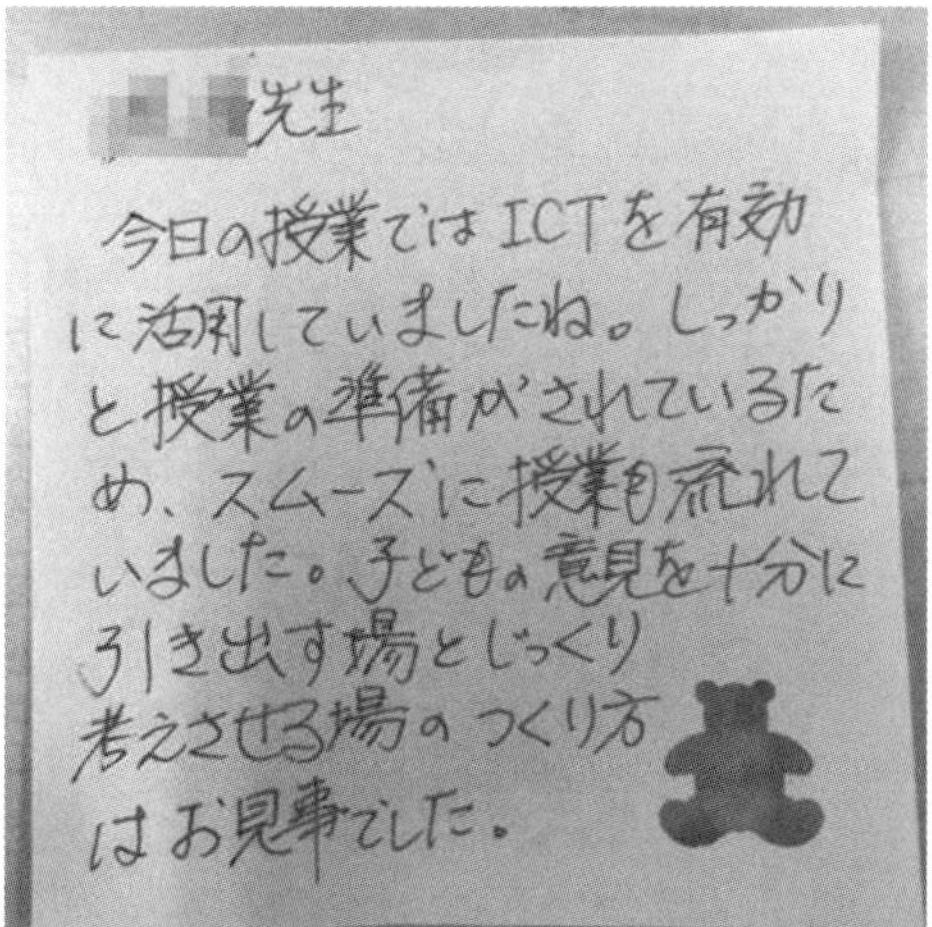

※中池小（仮称、第３章に登場）提供

見取りの還元例（1）学校便り

学校だより
No.2
北広島市立大曲小学校
平成24年5月1日 発行

おおまがり

発行責任者：横藤 雅人　℡376-2253 Fax 377-3418

＜学校教育目標＞
「心身ともにたくましい大曲の子どもの育成を目指す」
よく考えて　学習する子ども　　仲よく　助け合う子ども
明るく　元気な子ども　　すすんで　やりぬく子ども
＜今年度の重点＞
かしこく　やさしく　たくましく

子供は自分で変わっていく

校長　横藤　雅人

毎日学校を回って歩きます。教室に入ると、どの学級でも子供たちが元気に「おはようございます！」「こんにちは！」と挨拶をしてくれます。そして、さっと授業に戻っていきます。とてもさわやかな気持ちになります。

音楽室で、ある学年が１年生を迎える会の練習をしていました。元気いっぱいに歌って踊っています。すごいなあと思って見ていました。

ところが、歌い終わると、指導していた教師は子供たちを座らせて、注意し始めました。

「一生懸命に練習をしている人がたくさんいました。でも、ほんの2、３人がふざけていた。2、３人だからいいなんて思わないでほしい。」

にぎやかだった音楽室がシーンとなりました。

その様子を見て、教師は表情を柔らかくして続けます。

「みんな、もし真っ白いハンカチに醤油が一滴ついてしまったとしたら、『あ、ハンカチが汚れちゃった』と思うでしょう？　一生懸命にする人がほとんどでも、ふざけている人が2、３人いると、みんながふざけていると思われるんだよ。それでいいの？」

子供たちは、「そうだよなあ」という納得の表情で聞いていました。注意された子たちも、「よし、今度は一生懸命するぞ」という表情になっていきました。そして、「さあ、もう一度！」という教師のかけ声にさっと立ち上がった子供たちの姿は、さっきよりもずっときれいに見えたのでした。

先週、金曜日の１年生を迎える会本番は、どの学年も子供たちのエネルギーがはじける素晴らしい発表でした。また、指示されたわけでもないのに、自然に手拍子や拍手が湧き起こり、全校が一体になっていました。
それは、子供たちが学びや生活を自らつくり出していくドラマでした。

学校では、こんな小さなドラマが、毎日毎日繰り広げられています。教職員の熱い思いに応えて子供たちが自ら変わっていく様子を、いつも「いいなあ、いいなあ」と思って見ています。そんな子供たちに出会いたくて、また私は

● 授業参観及び学年・学級懇談のお知らせ ●

5月7日（月）1～3年生
5月8日（火）かしのみ学級
5月9日（水）4～6年生

上の日程で、5時間目（1年生のみ2時間目）が授業参観となっております。（曜日によって日課が違いますのでご注意ください。）

子供たちが真剣に学習に取り組む姿を是非ご覧ください。

なお、学年・学級懇談の時間等については、学年だより等でご確認ください。

●「運動会」のお知らせ●

下記のとおり、今年度の運動会の開催を予定しております。詳細につきましては、後日お知らせいたします。

記

日時　：　平成24年6月2日（土）　※雨天順延
　　　　　午前8時30分　開始

場所　：　大曲小学校　グラウンド

● グラウンドの使用を開始しました！ ●

4月25日（水）からグラウンドの使用ができるようになりました。中休みには、多くの子供たちが元気よくグラウンドに出て遊んでいます。運動会に向けて、体育の使用も本格化します。

音楽室で、ある学年が1年生を迎える会の練習をしていました。元気いっぱいに歌って踊っています。すごいなあと思って見ていました。

ところが、歌い終わると、指導していた教師は子供たちを座らせて、注意し始めました。一生懸命に練習をしている人がたくさんいました。でも、ほんの2、3人がふざけていた。2、3人だからいいなんて思わないでほしい。」

にぎやかだった音楽室がシーンとなりました。

その様子を見て、教師は表情を柔らかくして続けます。

「みんな、もし真っ白いハンカチに醤油が一滴ついてしまったとしたら、『あ、ハンカチが汚れちゃった』と思うでしょう？　一生懸命にする人がほとんどでも、ふざけている人が2、3人いると、みんながふざけていると思われるんだよ。それでいいの？」

子供たちは、「そうだよなあ」という納得の表情で聞いていました。注意された子たちも、「よし、今度は一生懸命するぞ」という表情になっていきました。そして、「さあ、もう一度！」という教師のかけ声にさっと立ち上がった子供たちの姿は、さっきよりもずっときれいに見えたのでした。

見取りの還元例（2）教職員向け「校長通信」

私が発行していた「校長通信」です。タイトルの「養之如春（ようしじょしゅん）」は、この年の学校経営方針の重点でした。

示したことが、しっかり実践されていたことを報じたものです。

平成２６年度

校長通信　　№１１６　　2014/10/10

これが「養之如春」の授業だ！

昨日は、稚内の初任者○○先生受け入れへのご協力、特に授業を公開してくださった先生たち、ありがとうございました。

○○、○○、○○、○○、○○先生ら初任の先生がユニット授業へ挑戦している様子は、○○先生にも大きな刺激になったようで、「すごい。この学校の初任の先生たちがうらやましい。」を連発していました。ベテランの先生たちの授業にも、感心しきりでした。その中から、２本の授業を紹介します。

一つは、○○先生の算数・少人数指導です。授業の中で、○○先生は子供たちに何十回も温かい声をかけ続けました。小さな努力、ちょっとした気付きを見逃さずに褒める。間違ってしまったことに、「これはいい間違いだね。」と肯定的に価値付ける。しかし、全体的なテンポはスピーディで「空白の時間」を生じさせない。だから、子供たちがどんどん集中していきます。

そして、授業の最後のこの場面！　見てください。子供たちと○○先生のこの笑顔！

手！」

これが「養之如春」の授業だ！

（前略）ベテランの先生たちの授業にも、感心しきりでした。その中から、2本の授業を紹介します。

一つは、○○先生の算数・少人数指導です。授業の中で、○○先生は子供たちに何十回も温かい声をかけ続けました。小さな努力、ちょっとした気付きを見逃さずに褒める。間違ってしまったことに、「これはいい間違いだね。」と肯定的に価値付ける。しかし、全体的なテンポはスピーディで「空白の時間」を生じさせない。だから、子供たちがどんどん集中していきます。

そして、授業の最後のこの場面！　見てください。子供たちと○○先生のこの笑顔！

「今日はA君の間違いがあったからこそ、みんなとっても勉強になったね。A君に拍手！」と、みんなでA君を祝福している場面です。前は荒れていたA君が、本当に子供らしい笑い顔を見せ、周りの子もとてもうれしそうです。私はとっさにこの写真を撮りながら、涙が湧いてくるのを抑えられませんでした。

これぞ、「養之如春」（ようしじょしゅん・之を養うは春の如し・子供が育つのは温かな春の光が絶え間なく氷や雪の大地に注ぎ解かすようにしなくてはならない）の実現でした。夜のPTA運営委でも、この写真をプレゼンに入れて紹介しました。

のです。

○保健室や相談室等

養護教諭やスクールカウンセラーなどの**一人職は、孤立化しやすい**ものです。また、保健室や相談室などには、具合の悪い子や、教室に入ることに抵抗のある子、家庭的な問題を抱えている子などがいることもあります。抵抗が少ない場合は、そこに足を運んで、担当者に声をかけたり、在室している子に声をかけたりするといいでしょう。それは、それら孤立化しやすい立場の子たちとのつながりをつくる貴重な機会となります。保護者が同室していることも多いので、その思いや家庭での様子を伺うことができる機会でもあります。

○教員以外の仕事も見る

事務職員や用務員、給食関係の職員などの仕事ぶりを見ることも大事です。短い時間、仕事を手伝いながら聴く話の中から、学校改善の大きなヒントを得ることができたりもします。彼らは学校全体を実によく見ています。また子供や保護者の立場で考えたりしていることも多く、感動させられることが度々です。

うまく回っていない学校では、教員と教員以外の間に心理的な壁ができてしまっていることが多いものです。しかし、管理職やミドルリーダーが気軽にそれらの職員のところに足を運び、声をかけたり、その仕事ぶりや意識を教員に伝えたりすることは、**教員以外の職員をも含めた教職員の一体感**を形成することに大きく寄与します。

校内には、見るべきところがたくさんあります。『宝の山』です。付録に、代表的な見どころ一覧を載せました（182ページ〜）。参考にしてください。

③教職員が共有すべき情報は、掲示やプリント等により明確に示されている。

管理職やミドルリーダーの指示やメッセージは、思うほどには伝わっていないものです。

◆こんなこと、ありませんか？

「あのう、以前から何度か言っているんですけれど……。」と、給食配膳員から苦情が届きました。

決められた時間内に、食べ終えた空き容器類を持ってきてくれない。食器返却口の棚に示されたのと違うものが平然と置かれている。残したパンや麺の片付け方が守られていない……などでした。

教頭は、

「いや、すみません！ 先生たちに知らせます！」

と平謝りし、職員集会で

「配膳員さんから苦情が届いています。よろしくお願いします。」

と言いました。しかし、二、三日後にはまた戻ってしまいました。ああ、また苦情がきそうです。

◇こうしてみませんか？

右のようなことが起こるのは、伝え方に不備があるからです。伝え方のコツは**「見える化」**です。給食担当のミドルリーダーが、図のような短冊を作り、各学級に配付しました。担任は、子供たちにまずこの表側を見せて、片付けのルールを再確認します。次に裏を見せながら、

「二週間後にしっかりできていたら、裏返しにできます！」

と言って、黒板の横に表側を見せて貼りました。

何をどうすればいいのかが、しっかり「見える化」され、子供たちによく伝わりました。できてい

ない子がいたときも、指さすだけでさっと確認ができます。このルールはあっという間に徹底されました。

本書には、管理職やミドルリーダーによる情報の「見える化」の実例が多数紹介されていますので、参考にしてください。

④教職員（教員以外も含む）はお互いに丁寧な言葉で話している。

学校は、公的な場でしょうか。それとも私的な場でしょうか。

こう問えば、誰もが「公的な場」と答えます。

しかし、実際は、この「公」の意識は希薄になりがちで、公的な言葉遣いが軽んじられやすくなっています。堅苦しい雰囲気を和らげるために、少々言葉遣いを崩すことはあっても良いのですが、それも度が過ぎると、職場の空気を荒らします。

◆こんなこと、ありませんか？

ある学校では、日常的に次のような言葉が飛び交っていました。
○教頭が若い教員の名前を「○○先生……」と呼んだところ、「なんすか？」と応えた。
○校長がソファに寝転んでいる教員に話しかけたところ、寝転んだまま「ああ、それね……」。
○ある教員が、校長室にノック無しで「校長、話あるんだけど！」と入ってきた。

○校務分掌の話合いの中で、同年代の転入職員に対して「あんたは黙ってなさい。」
しかし、これらの言葉や態度を、誰も注意しません。

◆こうしてみませんか？

実は、右は私が校長としてある学校に赴任した当初の実例です。

このような言葉や態度の荒れは、他者を自分にとっての道具と見下す人間観や、自分を守るために他者に反発したり攻撃したりせざるを得ない不安感の表れです。これらの言葉は、対教員だけでなく、事務職員や用務員、給食の調理員や配膳員など他の職員に対して一線を画する態度としても表れ、職場の人間関係を悪くしていました。さらに、このような人間観や弱さは、子供の指導や保護者の応対にも表れ、トラブルも頻発していました。

私は、まず教頭やミドルリーダーに、教職員の言葉（表情や態度も）の荒れが気になっていることを伝えました。そして、次を心がけて欲しいと話しました。
○今の教職員の攻撃的な言葉の根には「承認欲求」が満たされていないことへの不満と不安がある。管理職やミドルリーダーは、彼らに**おだやかな表情、スピード、立ち位置、そして言葉遣いで語りかけることを意識して欲しい。私も含めて、互いに敬意を持って言葉を交わすモデルとなろう。**
○特に、**教員以外の職員に、管理職やミドルリーダーは積極的に語りかけて**いこう。彼らの話（思い）をしっかりと聴こう。それが浸透していけば、教職員同士、そして子供たちや保護者に語りかける言葉も変わってくるはず。

○今のところ、校長が職員室で教職員に話しかけた際は、教頭を含めた全員が着席したまま、ときにはパソコンから目を離さずに声だけで返事をしている。言葉を変えるには、所作を伴った方が見えやすいので、今後は私が話しかけたら教頭やミドルリーダーは、**立ち上がって受け答え**して欲しい。それが、他の教職員にモデルを示すことになる。**校長もそうする**。

○浸透には時間がかかる。**焦らずに取り組もう**。

○ただし、荒れた言葉遣いをする教職員が「ミドルリーダーたちは自分の存在を恐れて、下手に出ている」と勘違いし、ますます**尊大になってしまう危険性**もある。それには気をつけて対応しよう。

例えば、管理職の方から「おはようございます。」と声をかけても返事しなかったり、出勤簿に押印していないことへの注意に「管理的だ。」と反発したりなどである。こういうとき、その勢いに負けて挨拶や注意をやめてはいけない。あきらめては、縦糸も横糸も放棄することになる。「おはようございます。」とこちらから重ねて挨拶したり、おだやかに「それは違いますよ。よく考えてください。」と伝えたりするべきである。

これらを意識してから、ひと月経った頃には、職員室の雰囲気が、かなり温かく和やかなものになりました。

ある日、廊下で給食配膳員に呼び止められました。その人は笑顔で、

「この頃、先生たちが優しくなった感じがしています。何だか、私たちも仲間なんだよって思ってもらえている感じがしてうれしいんです。他の人とも、校長先生が替わったからだね、って話しています。」

と言ってくれました。

⑤会議や校内研修会は、定刻に始まっている。

この世でもっとも公共性の高いものは何でしょう。

それは時間です。元気な学校は、お互いの時間を大切にしています。

なお、ここでは「始まっている」と示していますが、終了時刻を守ることも、もちろん大切です。

◆こんなこと、ありませんか？

職員会議の開始予定時刻から一分ほど過ぎています。しかし、司会者は口を開きません。また、他の教職員も気にせずおしゃべりしていたり、中には飲み物を用意している人もいたりします。予定時刻に遅れること七分、司会者は「では、大体お揃いのようですので……」と、ようやく口を開きました。

◆こうしてみませんか？

私の取組事例を紹介します。

①まず、インフラ整備をしました。会議をする部屋の時計をはじめ、すべて**教室の時計を電波時計**にしました。これにより、教職員は時間を意識するようになりました。

②会議の開始予定時刻は、**〇時きっかりにしない**方がいいでしょう。「三時」より「二時五十五分」とか「三時五分」などとして意識化を促します。

③司会者は、会議開始予定時刻の**三分前になったら放送**を入れます。

「〇時〇分から、職員会議を始めます。あと二分四十秒後です。お集まりください。」

④開始予定時刻の十五秒くらい前になったら、司会者は立ち上がり、電波時計の秒針が0（ゼロ）を指したところで、

「定刻です。職員会議を始めます。」

と発声して、**全員が揃っていなくても始めます**。

「まだ揃っていません。」

などの声が出たときは、校長から

「遅れてきた人には、後で伝えてください。始めてください。」

とサポートするといいでしょう。

⑤年度初め数回の職員会議や校内研修会の司会は、ミドルリーダーがすることにしました。事前に管理職と打合せをしておき、開始時刻の厳守に加え、次のような司会術で効率的な会議運営ができるようにしました。

◇会議を強く仕切る

司会者とは「会を司る者」つまり**会議を支配・管理する権限を有している**ことを意識する。

◇言葉を削る

「ええ、それでは、そろそろ時間になりましたので、職員会議を始めたいと思いますが、皆さん

御準備はよろしいでしょうか。ええ、では、これより○月の職員会議を始めさせていただきます。」などと、だらだら話すのが慣習になっている職員室もあるようです。（右の言葉だと、それだけで二〇秒近くかかります。）同じ内容のことを

「定刻です。職員会議を始めます。」

と言えば、**三秒**です。

◇発言は、繰り返さない

発言は**繰り返すことで、間延び**します。一度で聴き取らなくては、という緊張感も無くなります。発言は繰り返さず、すぐに話し合いに移ることが、てきぱきとした進行に欠かせません。もし繰り返す癖のある人が司会者になった場合は、管理職やミドルリーダーから繰り返さないように助言すべきです。

◇端的に話すよう指示

提案がだらだらしている場合は、

「先に結論をお願いします。」

「昨年と違うところだけ言ってください。」

などと指示します。

◇質問する

提案の途中でも、その表情から、多くの参会者が理解していないと思われた際は、**司会者から適**

宜質問し、確認して進めます。参会者が理解しない状態で説明し続けるのは、時間の無駄です。

◇見える化する

見える化した方が伝わると判断したら**すぐに板書**します。板書は別の人に頼むのもいいでしょう。

◇交流場面をつくる

必要な場面で、近くの人と**短時間で情報及び意見の交流**を指示します。理解が深まり、共通の意識が醸成できます。

◇時間内に収める

会議が長引きそうなときは、議題の**順番を入れ替えたり打ち切ったり**します。その分は、別の日に回すこととして、その日時もその場で決めます。

このような効率的で実りのある会議は、他の会議や打合せなどにその効果の波及が期待できます。授業のモデルにもなります。そのためにも、年度初めの数回は、ミドルリーダーが司会者をすべきなのです。

⑥だめ押しで、**校長がいないとき**のことを確認します。

「学校教育法施行規則条で、『職員会議は、校長が主宰する』とされています。では、もし開始予定時刻に、保護者などから電話があり、主宰者である校長が不在だったらどうしますか?」

などと問うのが効果的です。

多くの教職員は、

「えっ、う～ん……、待ちます。」

などと答えます。

それに対して、

「いえ、定刻で始めてください。その際は、協議事項は後に回して連絡事項から始めてください。時間ほど公共性の高いものはないのですから。」

と言うと、なるほどと分かってくれます。


これくらいやれば、二か月後にはほぼ全員が定刻前に集まるようになります。

⑥各学年や学級で目指すべき生活や学習のルールは、明確に示されている。

どの学校にもルールがあることでしょう。問題は、その明確さと実効性の度合いです。掲示などできちんと見える化されていないと、徐々にルールを遵守する意識も薄れてしまいます。そうなると、ルールをきちんと守っている人が集団から浮くなど、おかしな状態になりがちです。

◆こんなこと、ありませんか？

ある学校の授業研究に呼んでいただきました。オープンスペースの学校で、教室と広い廊下（ワークスペース）の間に壁がありません。小学一年生の授業を参観していて、授業終了時刻が近づいた頃、隣の教室から子供たちが大きな声を上げながら、ワークスペースに走り出てきました。グラウンドに遊びに向かうようです。授業していた学級の子供たちの目が、ワークスペースの方にとられます。終了の時刻には、まだ五分以上あります。どうやら、早めの休み時間にしたらしいのです。しかし、その場にいた校長も教頭も、何も言いません。

私は、校長の側に寄り、そっと

「まだ時間前ですよね。」

と聞いてみました。すると、校長は

「ああ、早く終わったんでしょう。でも、もう少し静かに出て欲しいですね。本当は子供たちが自主的に時計を見て行動してくれるといいんですけれどね。」

と言います。

参観学級の授業が終わったときに気付いたのですが、この学校では終業のチャイムが鳴らないのです。それもあって、隣のクラスは「自主的に」早めも休み時間に入ったという訳です。

隣の教室を覗いてみました。机は乱れ、電灯はつけっぱなしでした。ふと見ますと、「学習のおきて」なる掲示物が貼られていました。小さな文字で、二十五項目にもわたる学習のルールが事細かに示されています。「この文字の大きさでは見えないな」と思いながら、授業会場の教室に戻りますと、その教室には七項目の「学びのやくそく」が貼られていました。もしかして、ともう一つの一年生の教室を覗きますと、何とルールの掲示物そのものが見当たりません。

案の定、学校全体が荒れていました。校長や教頭は、地域性によるものと考えているようでしたが、私はそれ以上に**ルールの明確化と共通化の不備が子供たちを荒れさせている**と感じました。

◆こうしてみませんか?

私は、地域でも「荒れている」と言われていたいくつかの学校で管理職を務めました。

それらの学校に共通していたのは、ルールの明確化と共通化が弱いことでした。安定した学級経営をしている教員もいましたが、いくつもの学級が崩壊状態で、いじめなどの生徒指導事案が頻繁に起こり、怒った保護者が次々に学校に押し寄せてくる状態でした。**学校、あるいは学年全体としてのルールが明確でないことの弊害が大きい**と感じました。

五月の職員会議で、学校経営方針を一部修正し、ルールの明確化と共通化を打ち出したところ、

「先生たちの個性を認めないのか。」

「ルールがゆるいから、子供たちや保護者から大きな反発もなく何とか保っている。ルールを打ち出したら、反発が強くなって、持ちこたえられないのではないか。」

という反発や不安が吹き出しました。

教室の時計を電波時計にしたときも、

「ゆとりがなくなる。」

という反発があり、

「自分は、今までの時計の方がデザイン的に好きです。」

などと言う人もいました。

そこで、安心して受け入れてもらえるよう、次のような手立てを打ちました。


ちょうど、年度初めから生徒指導の取り決めや生徒指導交流会、特別支援教育交流会など特別な配慮を必要とする子供たちについての交流が連続している時期でした。それまでは、担当者が生徒指導の取り決めや対象となる児童について、書面を読み上げ、

「こういう場面では、こんなことをお願いします。」

と締めくくっていたのですが、時間が長くかかる割には、今ひとつ指導のイメージが明確化・共通化

ワークショップ型交流会

ＫＪ法で整理

やっぱりルールは必要なのでは……。

学びの約束

□①学習はじめ ものの準備 挨拶 しっかりと

□②机とロッカー　いつもそろえて

□③学習は チャイムが鳴ったら スィッチオン

□④呼ばれたら「はいっ！」と 必ず すぐ返事

□⑤お話は 「です」「ます」上手に使いましょう

□⑥腰を立てれば 声も通るし 書く字もきれい

完成した６項目の「学びの約束」
各項目の頭に□が入っている。

されてはいませんでした。

そこで、それらの会を**ワークショップ型**にしました。

職員室や会議室で行っていた話合いを、写真のように、椅子のみの部屋で行うようにしました。そして「子供のここに困っています」をテーマに、ざっくばらんに語る場としました。途中でメンバーを入れ替え、最後は学年団で交流したところ、子供たちの問題や学校として共通に取り組まなくてはならないことが見えてきました。

さらに後日、この交流会での交流を生かして、KJ法（ブレイン・ストーミングにおいて、付箋などのカードに記入されたそれぞれの意見やアイディアをグループ化して、一行見出しをつけるなどし、各グループ間の関係性が見えるように並べかえる思考の整理法）で問題点の整理と今後の取組についてのワークショップを行いました。各学年・各部署から出された改善案を聴き合っているうちに、ルールの全校共通化の必要性が自然に見えてきました。それを受けて、担当部署で原案を作成し、全校共通六項目のルールが確定しました。しかし、ルールを掲示しただけでは機能などしません。そこで、一学期の間は毎月一回、二学期以降は二〜三か月に一回、ミドルリーダーが**各教室を回り、チェック**することとしました。

左の写真は、あるクラスで教頭が

「この約束、しっかりできている自信のある人？」

と挙手を求めているところ。

子供たちが元気に手を挙げています。

担任（左端）も笑顔で

「できているよね！」

と子供たちに語りかけています。こうして確認し、達成できている項目の頭の□に「合格」シールを貼ります。（次ページ写真。貼っているのは事務職員です。）担任と子供たちが大喜びでバンザイをしています。このような意識付けにより、子供たちが変わりました。

廊下を歩いている他のクラスの子が、あるクラスの掲示を見て、

「自分たちも頑張らなくちゃ。」

とつぶやいたり、予定ではない月に、子供たちからミドルリーダーに

「点検に来てください。」

とリクエストが届くなど、楽しい指導が実現でき、ルールは徹底されていきました。校内は速やかに落ち着き、年度末の保護者アンケートでも高い評価が寄せられました。

なお、校内に落ち着かない状況が見られるなら、一学期間だけでも**チャイムを鳴らす**べきです。**オープンスペースも、基本は壁を立てた方が、**子供たちは**集中しやすい**でしょう。電波時計などのインフラ整備と併せてこれらも見直し、柔軟に運用するといいでしょう。

⑦特別教室や印刷室、準備室などの共有の場に私物は置かれていない。

時間と同じように、「公」の意識の希薄さが表れるのが、共有の場です。

◆こんなこと、ありませんか？

左の写真は、私が赴任した当時のある学校の「資料室」です。

得体が知れない段ボールが山積みになっています。壊れた教卓や椅子、児童の作品、学習発表会などに使った大道具や小道具、教材の見本、参考書、余りプリント、脱ぎ捨てた体操着（大人用）……。

とっくに転出した教職員の持ち物もありました。中には、子供の作文やテストの束が入っていたりもして、クラクラしました。

これはこの部屋だけのことではありませんでした。ほとんど全部の特別教室やその準備室がこのような状態でした。

あなたの学校には、こんな部屋はありませんか？

◆こうしてみませんか？

まず、管理職やミドルリーダーが、折に触れて、教職員に**「学校にあるすべてのものは『公的なもの』である」**ことを伝えます。

教室の教卓、職員室の事務机、更衣室のロッカー、職員玄関の靴箱、教材室や印刷室・準備室の棚、そして学校中の壁や床材までも、すべては国民の税金で用意され、子供たちの教育のために貸与されているのだということを、あらためて示す必要があります。共有の場に私物を置くのは甘えであるということも示さなければなりません。

その上で、

「〇〇の部屋にある私物は、〇月〇日〇時までに持ち帰るようにしてください。」

と指示を出しておきます。そして、予告した日に予告した部屋の大掃除をします。これを一部屋ずつやっていきます。

私が勤務した学校では、担任が家庭訪問に出かけている間に、担任以外の教職員で一部屋ずつ大掃除していきました。

そして、その様子を写真に撮り、それを『校長通信』にて「ビフォー・アフターシリーズ」として、発信しました。翌日、この通信を見て、多くの教職員がきれいになった部屋を見に行きました。そして、管理職やミドルリーダーに

「きれいになりましたね！　お疲れ様でした！　ありがとうございます！」

などと口々にお礼を言い、雰囲気がとても良くなりました。

一学期終業式の日には、全職員で大物を移動、廃棄しました。一学期に廃棄したものだけで、二トントラック二台分にもなり、校内はスッキリしました。教職員にとってもこれは手応えのあることだっ

校長通信　No.26　2012/04/26

「なんということでしょう！」～大曲のビフォーアフター（1）

担任の先生たちが家庭訪問に行っている間、担任外の先生たちは、何をしているのでしょうか。なんと、特別教室を中心に、学校の環境整備に汗を流してくださっているのです。

その様子をお伝えします。第一弾は、「図工室」です。

なお、以下の説明は、「大改造！劇的ビフォーアフター」の加藤みどりさん風にお読みください。

【ビフォー】

床に置かれたたくさんの段ボール。棚からはみ出して今にも落ちそうなものたち。いったいいつのものなのか、誰のものなのかも分かりません。

そこで、立ち上がった担任外の先生たち…。

手際よく、どんどんものを運び出していきます。

そして、棚に雑巾がけをして、必要なものを必要なところへ…。

すると…。

なんということでしょう！　【アフター】

あれほどあったゴミの山が、すっきりと。愛彦先生が組み立てたスチールラックがぴたりと決まり、これからは作品を置いたりするのにも、便利そうです。第一、準備室の中を真っ直ぐに歩けるではありませんか。

これで、子供たちの目に触れても安心です。

担任外の先生、本当にありがとうございました！

たらしく、その年末の親睦会十大ニュースでは「ビフォー・アフター」が第一位となりました。

不要なものを捨ててしまうと、しばらくはきれいな状態が維持されます。また、みんなで汗をかいた後に一緒にその成果の余韻にひたることで、横糸も強くなります。作業の中で、「こうしたらいいのでは？」というようなアイディアが出たりして、**参画意識や所属意識も自然に高まります。環境に手を入れることは、とてもコストパフォーマンスがいい取組**なのです。

⑧校内には、有効期限が過ぎた掲示物は貼られていない。

掲示物の中には、応募などの締め切り日や公開期間が示されたものがあります。しかし、その日付に無頓着な学校をよく目にします。

◆こんなこと、ありませんか?

①応募しようと思った子がいたら

ある学校を訪れた際、廊下の作品募集のポスターの中に、とっくに締め切り日が過ぎているものがありました。もし、この学校の子の中に、締め切り日を見落として取り組もうと思う子がいたら、どうするのでしょうか。

また、「ろう下は右を歩こう」という、どう見ても十年以上は経っていると思われるポスターは、すっかり色あせているばかりか、破れ、水はねの跡も目立ちます。

②貼り替えてと言ったのに

校内の一番目立つ場所に、下のようなコーナーを作りました。

全学年のノートのコピーに、「ここがいい」という解説コメントを付けて掲示するものです。

この掲示は、月初めに別の子のものに貼り替えるという提案が研修部からなされ、了承されていました。

そして、月末には係から職員集会で

「月が変わりますので、掲示を貼り替えてください。」

と連絡するようにもしました。

ところが、忙しさからか、月が変わっても貼り替えられていない学年があります。

「○年生、ノート掲示忘れているでしょう。」

というような注意は、角が立ちそうです。しかし、変えていないのを放置することは、子供たちに「○年生の先生たちは、だらしないのかもしれない」と思わせるおそれがあります。

さて、どうしましょうか。

◆こうしてみませんか?

①応募しようと思った子がいたら

有効期限が過ぎた掲示物によるトラブルの体験談を話しました。

ある子が、ボランティア募集のポスターを見ました。とても興味を引かれ、また自分でも出来そうだということで、帰宅してからおうちの人にやってみたいと伝えたところ、おうちの人も大賛成。大人も参加出来るのであれば、お母さんとお兄ちゃんもやってみると言って盛り上がりました。

翌日、その子は担任にその旨申し出ました。担任も

「それはすごいね。応援するね。」

と、校内の担当者に伝えました。

と、そこで分かったのです。応募締切がとっくに過ぎていたことが!

そもそも、担当者がそのポスターをしばらく温めていて、貼って数日後にはもう締め切り日になっていたことが分かりました。

校長以下、家庭訪問しておうちの人に平謝りすることとなりました。

さて、本校の掲示物は大丈夫でしょうか?

このように、有効期限が切れた掲示物がどのような事態を招きかねないのかを、**教職員が納得いくように**伝えるのです。

日常的なチェックも欠かせません。私は、校内を回る時に期限が切れた掲示物を見付けると、その場で外して、担当者の机上に付箋のコメント（「締め切り日過ぎていますよ。校長」など）を添えて置くようにしました。嫌われたかもしれませんが、効果的でした。

また、基本的に**学期末は、すべての掲示物を外して**校内の掲示板の雑巾がけをすることとしていました。これで、古びて破れた掲示物等は定期的に一掃され、掲示板もきれいになって一石二鳥です。

②貼り替えてと言ったのに

下の掲示板は、前のページのものです。ノートのコピーが一枚も貼られていません。月末に研修係が全部はがしたからです。

そして、はがした掲示物を学年の机上に載せておいて、一言。

「今月も、ノート掲示に御協力いただき、ありがとうございました。

月が変わりますので、明日までに、新しいものを掲示しておいてください。」

これ以上ない**明快な「見える化」**です。当然、貼り忘れは皆無になりました。はがしてあげるという親切ぶりに、感謝もされました。

⑨子供がルールに反した際、教職員は解決のイメージを共有して行動できる。

子供がルールに反した際に叱ることとは、大事なことです。しかし、叱る行為は、感情のエネルギーをたくさん使うしんどいものです。そのしんどい行為が報われないことがあります。それは、叱っている子がそれを受け入れないとき、そして周りからその指導が受け入れられないときです。

「あんなに叱る必要があるのだろうか。」

「あの叱り方では、子供の反発を招くだけだ。」

などといった冷たい視線は、徒労感や孤独感を高めます。

◆こんなこと、ありませんか？

休み時間、ある教員が一人の子を叱っています。教室に戻る子供たちが、その様子を見ながら歩いています。中には立ち止まって面白がっている子もいます。

その横を、授業に向かう教員が、通りかかりました。しかし、その様子をちらりと見るだけで、叱っている教員にも、叱られている子にも、立ち止まっている子にも声をかけずに通り過ぎました。

授業開始の時刻となりました。しかし、その教員の指導は続いています。授業が始まらない学級は、ざわざわし始めました。しかし、誰もその教室には行きません。

◆こうしてみませんか？

子供を叱ることに関して、次の三つの合言葉を示しました。

その１＝叱るときは本気で。（ただし体罰はしない。）
その２＝一人でがんばらない。
その３＝最後は温かく。

まず、「**その1＝叱るときは本気で。（ただし体罰はしない。）**」は、叱ることに臆病にならないように、という呼びかけです。昨今、叱ることはタブーといった風潮があります。また、特に若い教員の中に、子供を叱ることが苦手な人が多くいます。しかし、子供は未完成ですから、ときには叱ることも大切です。管理職やミドルリーダーが「叱るなら本気で」と言うことにより、教職員は、堂々と叱ることができるようになります。

「**その2＝一人でがんばらない。**」は、叱る際に視野が狭くなり、孤軍奮闘してしまうことを予防するものです。叱る際は、職員室に内線電話を入れて、

「これから指導します。」

と伝えるようにと呼びかけました。これにより、手の空いている教職員が、叱っている現場に出向いての複数による指導が可能になります。複数による指導とは、次のようなことです。

○側でうなずきながら聞いて叱る教職員の応援をする。
○「仏役」になってその子に謝罪を促す。
○複数の子がからむ場合には事情の聴取を分担する。
○指導の間自習状態になっている学級で授業を進めたり、他の子に事情を説明したりする。

最後の「**その3＝最後は温かく。**」については、よく次のような話をしました。

「叱られて、しっかり反省して、一度でしっかり行動を改める。そんな『いい子』が、この世にいるでしょうか。いないですよね。自分自身のことを振り返っても自信をもって『いない！』と断言できます（笑）。悪い行いを、取りあえずやめさせるために、きちんと叱ることは大事です。しかし、すぐに良くなることを目指すと苦しくなります。まあ、何度も悪さを繰り返しながらも、少しずつ成長していって、『そういえばこの頃、あの悪さを見かけること、少し減ったかもなあ。』と思えたら、もう大成功だと思いましょう。そのためには、『温かく終わる』指導が大事です。悪いことをして叱られたわけですから、少々堪えてもらわないと困ります。しかし、教室に戻るときに、がっくりとうなだれていたり、反抗心がメラメラと燃えていたりするのは、その子にとっても、また他の子にとってもよくありません。だから、例えば、『まあ、君なら今の失敗をしっかり受け止められると期待しているよ。』とか『今、これからがんばるって言ったけれど、あまりがんばりすぎないでね。今日から一週間寝ないでがんばるとかしなくてもいいからね。』などと言ってやり、子供がちょっと明るい顔になったり、クスリと笑えるようになったりできるように心がけて欲しいのです。」

この三つの合言葉は、なかなか効果的だったようで、教職員の眉間のしわが、少なくなったように感じました。そして、子供たちも明るくなっていったように感じました。

⑩いじめや家出などがあった際は、全教職員が組織的に対応している。

私たちの日常は、限りなく「これは大丈夫」で成り立っています。また、心はいつも「これは大丈夫であって欲しい」という願いで満ちています。これを**「正常性バイアス」**といいます。

管理職やミドルリーダーには、この「正常性バイアス」を相対化し、いったん深刻な事案が発生した際は、組織的な対応を指揮することが求められます。中学校は、以前から生徒指導の事案を多く経験しているので、組織対応が当たり前になっています。しかし、小学校では、個人で対応してしまうことがよく見られます。意識したいものです。

◆こんなこと、ありませんか？

昼休みに四名の男子がふざけ合っているうちに、一人の子を二名の子で泣かせてしまうという事案が発生しました。担任はこの四名を呼んで指導をしましたが、話が食い違ってなかなか噛み合いません。あまり長時間になっても、と思い、

「とにかく、泣かせちゃったんだから謝りなさい。」

と指導し、謝らせて教室に戻しました。

勤務時間終了間際、泣かされた子の保護者から、怒りの電話がかかってきました。

◇こうしてみませんか?

これについての私の校長としての対応を番号を振って紹介します。

(1) 報告直後

保護者の電話を受けて、事の重大さに気付いた担任が教頭に報告。すぐに担任と教頭が私に報告しにきました。私は、以下のように対応しました。

①同じ学年の担任とミドルリーダーたちに、勤務時間が過ぎるかもしれないが、**できれば待機して欲しい**と依頼。このときは全員が可能との返事。

②教務主任を**「記録係」**に指名。この時点以降のすべての動きを時系列で記録化させる。

③教頭から、**市教委に「これから事情聴取等を行う」旨を一報**。

④校内放送で、**残っていた全職員を職員室に招集**。集合するまでの時間に、職員室のホワイトボードに関わった子のクラス、名前のイニシャル等を記入。教頭から簡単に事情を説明し、関係する家庭からの電話は教頭に回す旨を指示。今後事情聴取を行うことを周知。帰宅しても構わないが

子供たちや保護者と出会った際は、遺憾の意を表すように依頼。短時間で解散。

⑤校長から、泣いた子の保護者にお詫びの電話。詳しく事情を聞くため**再登校させるよう依頼**。快諾を得られたので、担任を迎えにやる。担任には、その子の家で、まずその子と保護者にお詫びを伝えるように指示。他の三名にも再登校を依頼し、他の教員を迎えにやる。（家が近い子がいたので迎えは二名。）それぞれの保護者には、後で来校を依頼するので自宅待機してもらう。

（2）関係者個別事情聴取

①四名が揃ったところで、教頭から「〇〇君のお母さんから心配の電話があったので、詳しく話を聞かせてもらいたい。」と告げる。四名とも事態の深刻さを知り、神妙な顔つきとなる。

②「一人一人別々に話を聞きます。〇〇君は、〇〇先生。△△君は、△△先生……」と、**一人の子に一人の教員を割り当て**て、別の部屋で話を聞く。

③担当した教員は、**時系列で聴き取ったことをメモ**。そして、一通り事情を聴取できたタイミングで教員のみ廊下に出て**照らし合わせる**。子供たちは、自分の都合の良いように話す傾向があるため、必ずつじつまの合わないところが出てくるので、その場合は再度個別聴取の部屋に戻って、「他の人はこう言っているんだけれど。」と再聴取。大体の整合性が確認できたところで、全員校長室へ。

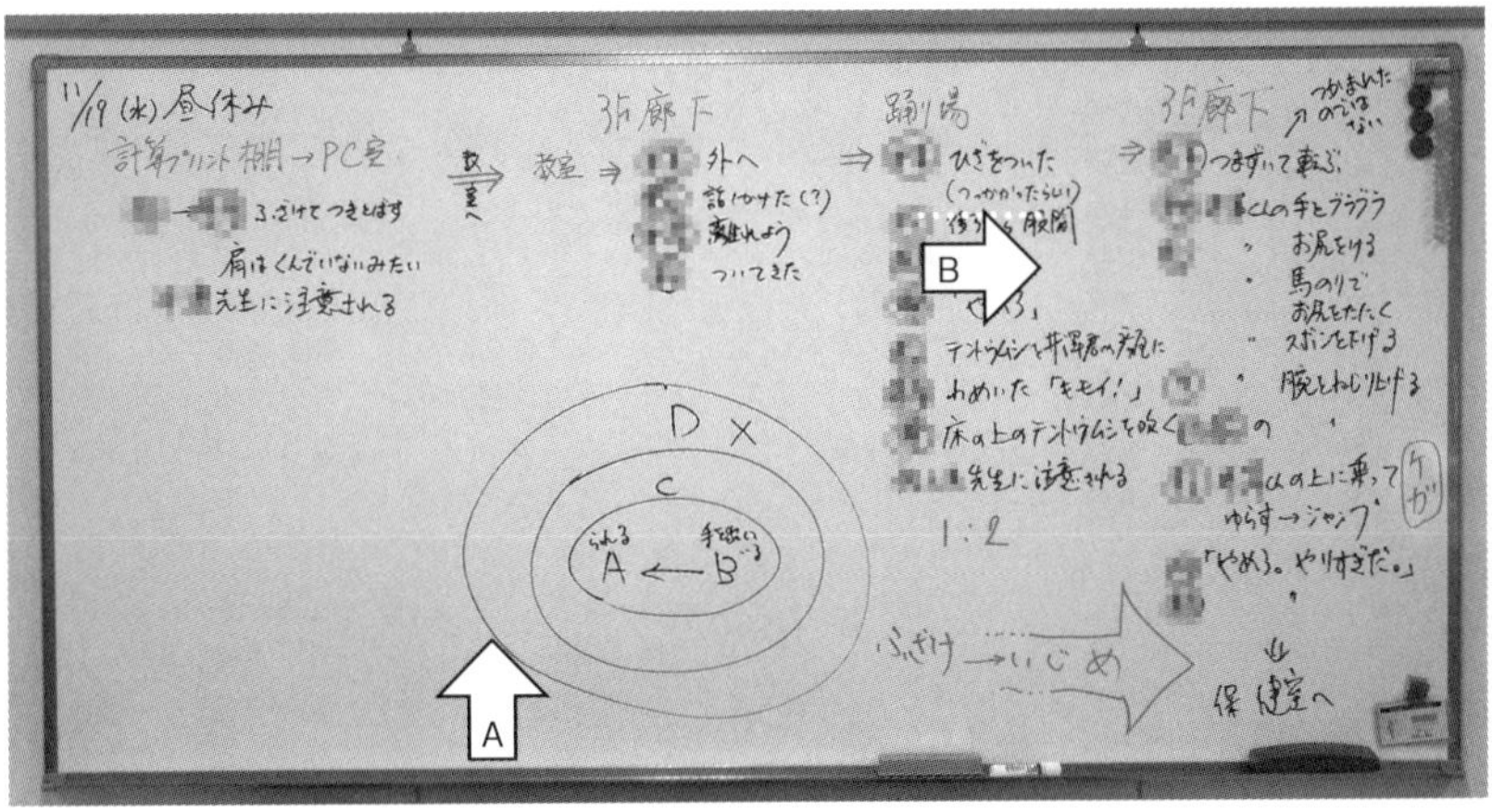

（３）全関係者による事実関係の確認

①泣かされた子からの聴き取り結果を、担当の教員から話してもらう。校長は、それを**時系列で校長室のホワイトボードに整理**していく。（このときは、校長が担当したが、できればミドルリーダーの方が望ましい。）

②泣かせた二名の子、傍観していた子に、ホワイトボードを見ながら、**時系列で確認をする。話の食い違うところには「？」を付けて書いていく。**（上がそのときの板書）

③最後まで確認を終えたら、今回のトラブルは、はっきりと**いじめの構図に適合することを示す。**（矢印Ａ）

「ふざけているつもりが、いじめになってしまったようだね。では、どこがまずかったのだろうか。」

と問いかけると、子供たちは板書を指して、

「ここです。」と意見が一致。（矢印Ｂ）

そこで、

「では、**そこについてだけは**謝った方がいいのではないか

な。」と提案したところ、スムーズに謝罪が済む。

④「他に言いたいことはないか。」と、**それぞれの思いを表現させる**。このときは、「お腹に乗られてすごく痛かった。」「前には、ふざけて蹴られた。もうやめて。」などが告げられ、その一つ一つにきちんとした謝罪がなされ、「もう言いたいことはありません。」までこぎ着けることができた。

⑤保護者が到着するまで、四名の子と担任、もう一人の教員は、体育館貸し切りで遊んで待つこととした。このときは、バスケットのフリースロー競争をしていたとのことだった。これは**「最後は温かく」**（66ページ）の実践。

（4）保護者への説明

①四名の保護者に来校してもらうように電話連絡。三名来てもらえた。しかし、校長室で待つ間、顔を合わせた保護者同士は挨拶もしない。普段からの人間関係が伺えた。

②保護者が**全員揃ったところで子供たちを校長室に呼ぶ**。仲良く遊んだ後なので、四名とも**笑顔で戻る**。その表情を見て、**保護者たちも安心して笑顔に**。

③全員の前で、**板書に沿って事情及び指導内容を説明**。そして、「ここでは○○君は謝り、△△君も『いいよ。』と落着しています。」と説明し、保護者からの質問等を受け付ける。このときは「ここまできちんと指導してもらい、子供同士が納得しているんならいいです。」で解決。解散・見送り。

④教頭は市教委へ終了報告。同時に、職員室に待機していた教職員にも周知。**拍手で締めくくる**。最後に一番の当事者である担任と教頭、ミドルリーダー（教務主任、生徒指導部長）を校長室に呼び、臨機応変な対応をねぎらう。

⑤翌日、教務主任による**記録をファイル化**。（後日のため。）

さて、この事例の一連の動きから、対応のポイントをまとめておきます。

◇危機管理の「さしすせそ」

この事例において、素早く、スムーズに解決まで導くことができたのは、教職員に日頃から**危機管理の「さしすせそ」**を伝えていたからです。

「さしすせそ」とは、危機管理のポイントを分かりやすく示したものです。

さ～最悪を想定して

保護者の電話から怒りを感知し、「怒鳴り込んでくるかもしれない。」「保護者同士のトラブルに発展するかもしれない。」と考える。決して「まあ、何とかなるだろう。」などと根拠のない楽観的な見方（正常性バイアス）に逃げない。

し～慎重に

最悪を想定はするが、慌ててはいけない。冷静に慎重に考えるよう心がける。慎重になるためには、時系列での記録はとても効果的である。

す～素早く

慎重であっても、無駄な時間は極力無くするようにする。明確な指示を早めに出すことが大事である。特に、子供同士のトラブルの場合は、当事者の子供が帰宅する前に情報を整理し、学校側から各家庭に連絡するようにしたい。多くの場合、子供は自分に都合の良いように保護者に伝えるし、学校から連絡がないのは、事態を軽く見ていると保護者は受け取るからである。

せ～誠意をもって

特に当事者である子供たちやその保護者、関係する人の気持ちを考えることを忘れない。明らかな学校側の落ち度に対しては、言い訳せずに早めに謝罪することが大事である。

そ～組織で対応

問題や解決は一人で抱えない、抱えさせない。特に、関係者を集めた後は、校長（場合によっては副校長・教頭）が最終責任者となって、対応を仕切る。その組織としての動きがスムーズになるには、担任などの初期対応は、包み隠さずに報告することが欠かせない。そのことも、あらかじめ伝えておくべきである。

❷ 横糸

①朝や退勤時の挨拶は、管理職も含め、はっきりとした声で交わされている。

挨拶は自己開示であり、他者を尊重し気遣う気持ちの表れです。はっきりとした声で、出勤時・退勤時の**挨拶が交わされる学校では、教職員の仲も自然に良くなります**。

挨拶がほとんど聞かれない玄関や職員室を想像してみましょう。学校に足を踏み入れても、誰も挨拶してくれない。ちらっと目を向けるだけで、無表情。そんな学校がいいと思う人などいないはずです。そんな学校では、誰かの悩みにも気付きにくく、それぞれが孤立していきます。

◆こんなこと、ありませんか？

①校長の動線

ある学校の校長は、出勤すると職員室を通らずに校長室に直行します。教職員は、校長が出勤したかどうかを、ドアの明かり窓から漏れる電灯の光で推し量ります。その校長は、陰で「引きこもり校長」と呼ばれています。

②パソコンに集中して挨拶が……

ある学校の教頭やミドルリーダーたちは、日中のほとんどの時間、パソコンに集中しています。他の教職員が挨拶しても、話しかけても、小さな声で返事が返ってくるだけです。

ある学校では、夜遅くまで黙々とパソコンに向かう教職員が多く、早めに退勤する教職員は申し訳なさそうに小さな声で

「お先に失礼します。」

と挨拶して職員室を後にします。しかし、それに対する返事もほとんど聞こえません。

悩みがあっても、黙々とパソコン向かう教職員の姿を見て、相談をあきらめ、軽くため息をついて職員室を後にします。

◆こうしてみませんか？

①校長の動線

図のような配置の学校に勤務しました。出勤して校長室に入るには、三つのドアが使えます。さて、どのドアを使うべきでしょう。

断然Aです。

先に来ている教職員に挨拶できるからです。教職員が孤立しがちな現代において、校長が一人一人に声をかけることの意味は、年々重くなっています。また、一人一人に声をかけることは、教職員の子供に対する挨拶のモデルを示すことになります。

ちなみに、図は私のかつての勤務校のものでした。職員室と校長室の間にドアがありましたが、私が、そのドアを閉じるのは、着替えるとき、教職員の個人的な相談に乗るとき、深刻度の高い保護者対応のときくらいでした。

校長室のドアを開放しておくことも、気軽に挨拶や言葉を交わすための工夫です。

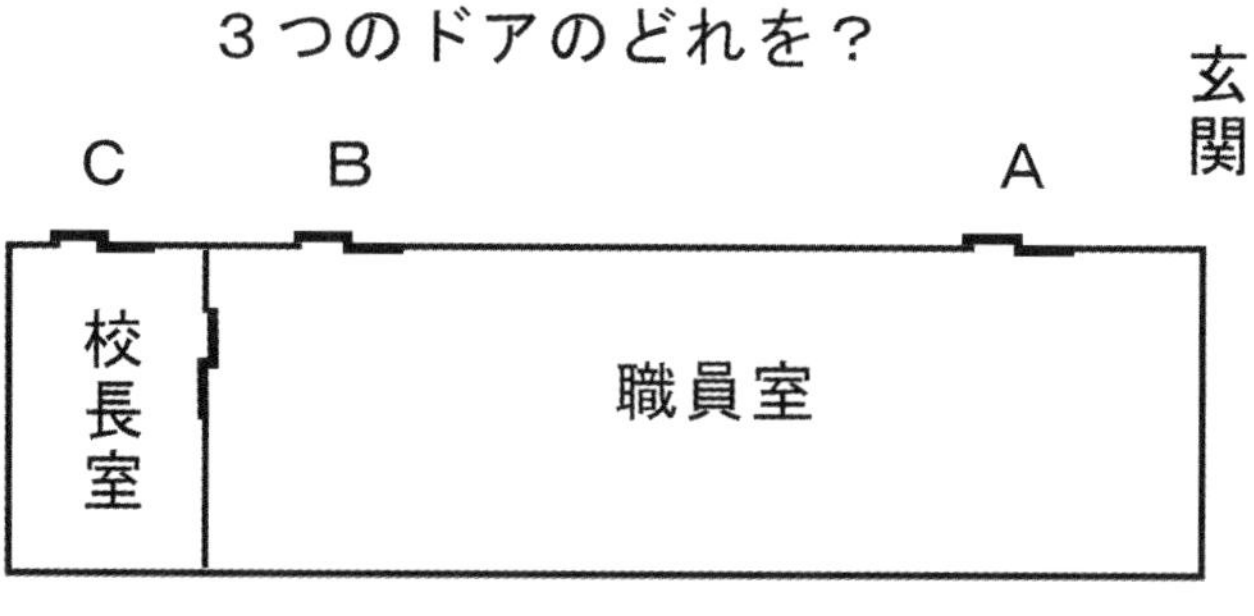

②パソコンに集中して挨拶が……

ある学校に校長として赴任したときの職員室が、まさにこの状態でした。

そこで、早急に教頭とミドルリーダーを校長室に呼び、次をお願いしました。

「私が挨拶したら、手を置き、顔を見て、できれば**立ち上がって挨拶を返してください。**」

これは、当初、とても評判が悪かったです。

これを伝え聞いた数名の教員が校長室を訪れて、

「軍隊みたいなことを押しつけないで欲しい。」

と申し入れしてきたりもしました。私は、

「私に一方的に挨拶をしろということではありません。お互いにそうしませんか。私も、皆さんに話しかけられたら、きちんと立ち上がって、顔を見て話すようにしますから。」

と答えて、その場を収めました。

その後、二週間くらいはややギクシャクした感じがありましたが、やがて教職員が顔を見て挨拶することに慣れてきた頃から、職員室の空気が変わってきました。明るく、和やかな雰囲気になってきたのです。半年も経つ頃には、「軍隊みたい」は笑い話になっていました。

ミニ研修で、挨拶がきちんとできない子に挨拶をさせる方法を演習したりもしました。名前と挨拶の間にちょっと間を置く、という簡単なものです。

朝教室で子供たちを待っていると、A君が何も言わずに入ってきました。声をかけます。

「あ、A君、おはよう。」

しかし、A君は無言。聞こえなかったのかな？　次の子が来ました。

「あ、Bさん、おはよう。」

「先生、おはようございます。」

ああ、良かった。

でも、これを繰り返していると、A君は挨拶しなくても許されるということを学んでしまいます。

では、どうするか。次の朝は、こうします。

「あ、A君！」

こう、名前を呼んで、少し間を空けます。この間は、ほんの1.5秒です。つられてA君は思わず先生の方を見ます。

そこでにっこり笑って「おはよう！」

A君も、思わず「おはよう、ござ、います？」（笑）

こんなことを言って、教職員同士で「名前→1.5秒→挨拶」の練習をします。子供への縦糸を通すトレーニングになるのと同時に、名前を呼び合うことで教職員同士の雰囲気もよくなり、一石二鳥です。

研修の最後はだめ押しです。


さあ、では退勤する時はどういう挨拶をするか。私がお手本を見せますね。

（教職員の目が私に集中します。そこで、はっきりと笑顔で）

皆さん！（きっぱりと）
1.5秒～。（と、目線をそらして小さな声で）
さようなら！（とはっきり言いながら頭を下げる。）

研修会場は爆笑に包まれます。もちろん、次の日からそうする人はいません。（笑）でも、確実に雰囲気は柔らかく温かなものになります。


このように相手をぐいっと引きつけて挨拶するのです。ところで、他の人がパソコンに集中していたりすると、引きつけるのもちょっとなあ、と思いますよね。

（うなずき多数。）

でも、あまり嫌われない程度に、挨拶はした方がいいですよ。そして、言われた人は、相手の顔を見て「さようなら！」と、ね！

こんなしめくくりで、ますます雰囲気が良くなりました。

他には、大災害などの後に、復興が順調に進む地区の特長として、日頃から挨拶が根付いていることがあるということを話したりもしました。

コミュニケーションの3層

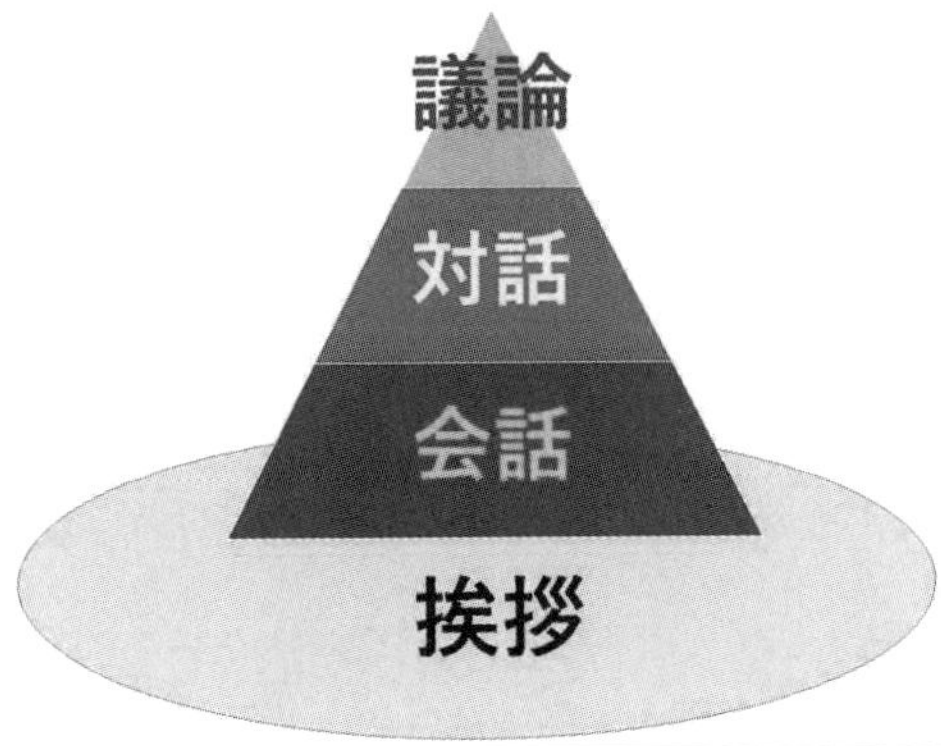

上の図を示して話すこともよくありました。（最初は、最下層の「挨拶」は出さずにおきます。）

「職場のコミュニケーションは大事だとよく言われます。そのコミュニケーションは、三層構造をしています。基礎にあってもっとも大きいのが**『会話』**。その上に**『対話』**が乗り、一番上に**『議論』**が乗ります。職員会議や校務分掌の会議などで『議論』が成立するには、その下層にある『対話』や『会話』が日常的に円滑にされていることが大事です。ところで、『議論』と『会話』、『対話』は、どう違いますか？」

こう問いますと、教職員は「？・？・？」。そこで、

「**『議論』は結論が一つ。『対話』は、相手と自分の違いが分かって、結論は二つ。『会話』は、そもそも結論なんて最初から考えていない。**例えば、『今日はいい天気ですね。』と言ったときに『本当にねえ。』これ、『会話です。』これで会話は成立。平和です。このときに『いや、四日前の方が少

し気温も高かったです。』なんて、反論する人なんていないですよね。うん、いないかな？　本当にいない？」

などと言って笑いを取ります。

「という訳で、職員室においては、結論など求めない**『会話』をどんどん増やしましょう**。スポーツ、ファッションなどの話もＯＫです。それは実りある『対話』や『議論』のために必要な時間ですからね。ただし、政治の話や子供や保護者の批判はやめませんか。それは、『議論』の対象ですから。ところで、**『会話』が成り立つためにも、その下の層に『挨拶』があります**。（と、下の部分を提示する。）やはり、『挨拶』もしっかりとしたいですね！」

このくらい念押ししておけば、万全です。

②職員室にはよく明るい笑い声が響く。

明るい笑い声の響く職員室からは、孤立する教職員は出にくくなります。まさに「笑う門には福来たる」です。

◆こんなこと、ありませんか?

ある学校で新卒として働き始めた教員から聞きました。

「私の学校は、先生たちが黙々と仕事をしています。職員室が少しにぎやかになるのは、夜八時くらいからです。」

そこで、重ねて聞いてみました。

「勤務校の先生たちはあまり笑っていないのでは?」

すると

「たまに笑い声は聞こえます。でも、それは『こんなことも知らないの。バッカじゃないの。』と言って笑うのです。周りの人も、逆らえなくて笑っているのです。」

私は聞いてみました。

「そんな雰囲気だったら、心を病んでお休みしている教職員がいるのでは?」

やはり、この学校には休職中の教職員が、複数いました。この教員自身も、受け持つ学級の経営に悩み、それを同僚に責められて精神的に追い詰められていることを、涙ながらに打ち明けてくれました。

弱い立場の人を攻撃し、**優越感から笑うのはいじめ**です。その場にいない人をネタにしての笑いも同じです。あざけりのようなわらいを「**嗤い**」と書きます。私が赴任した学校でも、夕方遅い時間に、意見の合わない同僚(管理職やミドルリーダーが中心)や特定の子供とその保護者をネタとした暗い嗤いが日常的に見られました。私は、それを一刻も早くなくしたいと思いました。嗤いは、不安の表れです。心が病んでいるのです。嗤う人、嗤われる人を不安から解き放し、明るく笑えるようにしてやらなくてはならないと思いました。

◆こうしてみませんか？

こうした状況を打開するには、いじめがあった学級を建て直す際の実践を紹介するのが効果的でした。職員室の人間関係を良くする意図を込めて、次のように話しました。

皆さん、学校の中にいじめがあると大変ですよね。保護者や外部の方が出てきたりすると、本当にもう大変です。いじめは、何と言っても予防が一番です。その参考になればと思い、私が担任時代にしていた実践を紹介します。

私は、前年度にいじめがあった学級を担任すると、三日目くらいに必ず子供たちに問いました。

「いじめる人のことを、あなたはどんな人だと思いますか？」

これは、発言には大きな抵抗があるでしょうし、これが引き金になって新たないじめが引き起こされるかもしれませんので、小さなカードに短い文で書かせます。もちろん、誰が何を書いたかなどは秘密にすると約束の上で、です。

三日目くらいだと、まだ十分な信頼関係は築けていません。子供たちは身構えていますから、ほんの一言しか書けません。それでいいのです。

勝負は翌日です。

「昨日、みんなの書いたカードを読ませてもらいました。多くの人が『怖い』『悪い』『いやだ』と書きました。しかし、中に『弱い』と書いた人が、少しですがいました。」

（「弱い」と書いた子がいないときでも「前に受け持ったクラスで」などと言って紹介します。）

「先生もそう思います。きっといじめる人は、親しい人（友達とか親とか）にいじめられ、でもその人にはかなわないので、きっと心の中が悲しみでいっぱいになっているのです。何とかしたくても、どうしていいのか分からないのです。なので、その状態を少しでも忘れようと自分より弱い人を探していじめるのです。自分一人でいじめて仕返しされたらと思ったときは、何人かでいじめます。本当に心の弱い人だと思いませんか？　かわいそうな人だと思いませんか？　かっこ悪い人だと思いませんか？　先生は、誰かをいじめてしまったことがある人に、言いたい。『なあ、強くなれよ。人を下に置いて安心なんかするな。持っている力を、人のために使うんだ。』と。今日は、何人かが書いてくれた『弱い』という考えについて、そして先生の思いについてどう思うかを書いてください。」

こう言ってカードを渡すと、多くの子がびっしりと自分の思いを書いてくれます。いじめていた子が固まることもあります。でも、それは考えている証拠です。

「書けなかったの？」

と、個別に話をするきっかけにすればいいのです。

中には、後悔をびっしり書き、「もうしない」と書いてくれる子もいました。まあ、これはあまりあてになりませんけどね。

でも、学級の中に「いじめる子は弱い子」という世論を確立すると、いじめはほとんど出現しなくなります。ただし、陰での言葉や無視によるいじめはいつでも起こり得ますから、もうまったく安心という訳ではありませんけれどね。

このように語り、**いじめや嗤いは自己保身、弱さの表れなのだと伝える**のです。

教職員にはプライドがあります。また、抱えている悲しみや不安も、長年に亘る深刻なものでしょう。だから、こんなちょっとの語りで解決するなどとは考えていません。ただ、人を嗤う人は大きな悲しみや不安を抱えていて、それを受け止めきれずに攻撃する弱い人なのだ、嗤いは攻撃の変形なのだという世論を形成することで、いじめる心理にかなり強いブレーキをかけることができます。そして、教職員同士がフラットにつながる下地づくりもできます。

この後は、折に触れて、管理職やミドルリーダーも自身の失敗談の披露など、自己開示をすることです。さえない親父ギャグに対して、教職員が安心して笑うようになったら一安心です。

また、折に触れて「悩んでいることがあったら、一人で抱えていてはいけないですよ。」とか「元気？」などと声をかけることを継続します。

③管理職やミドルリーダーは、本を教職員との話題にしている。

いろいろな学校に出向くと、まず玄関や廊下の環境が目に入ります。玄関や廊下がすっきりしていると、「もしかしたら…」とあることを予感します。廊下などで教職員と行き交うこともあります。教職員の表情がおだやかで明るいと、やはり「もしかしたら…」と同じ予感に期待が高まります。予感するのは、「校長室や職員室には、きっと新しい本が置いてあるに違いない！」です。

これは実によく当たります。本を読む管理職やミドルリーダーの教職員に対する指導や接し方は、いつもブラッシュアップされて適切なものになり続けており、それが校内環境や教職員の表情に自然に表れるからだと感じています。

◆こんなこと、ありませんか？

ある学校の校長室の本棚には、背表紙が日に焼けて色あせた本しかありません。鮮やかな色があると思ったら、他校の研究紀要でした。

更新されない校長室等の本棚は、雄弁にその持ち場の主の学びが更新されていないことを語っています。持ち前の知識と経験のみで業務にあたるその姿は静かに学校の元気を奪っていきます。学ばない校長やミドルリーダーは、無意識のうちに沈滞ムードを醸し出しています。もしかすると、本を読む教職員は暇な人なのだという暗黙の了解が職場を覆っていくかもしれません。

別の学校では副校長が言いました。

「若い頃は本も読んだけれど、今は読んでいる暇がないんだよ。積ん読は無駄だしね。大体の情報は、ネットで検索すれば手に入るし。」

このようなことを無神経に言い放つ管理職やミドルリーダーは、残念なことに珍しくありません。現代の教職員が忙しいのは確かです。特に副校長は激務ですから、この言い分にも同情を禁じ得ないところもあります。

また、もちろんネットでも情報は手に入ります。ネットでしか入手できない情報も数多くあります。しかも無料です。ですから、ネットを否定するつもりは毛頭ありません。しかし、ネットがあるから本を読まなくてもいいという理屈は成り立ちません。ネットの精度は本ほど高くないことがしばしばあります。無料である分、読み手の本気度が下がってしまうこともしばしばあります。情報の信頼度としては、やはり本に軍配が上がります。

管理職やミドルリーダーは身銭を切って本を買い、読むべきです。しかし、これはいくら声をかけても簡単には実現しません。読書の習慣は、ある意味その人の人生の問題だからです。さて、どうしましょうか。

◆こうしてみませんか？

頭ごなしに「本を読みましょう。」と言うのは、全く効果がないばかりか、「自分のことを不勉強だと見ている」「実務に忙しい自分（たち）のことを分かってくれない」という反発を招きかねません。

本を読みたい、読まなくては、と思う語りかけをして、読んだ成果が感じられる雰囲気と仕組みをつくるべきです。

雰囲気をつくるには、まず管理職やミドルリーダーが本を手にする姿をかくさないことです。やがて、その姿に感化された教職員も本を手にします。勤務時間内に本を読むことが自然になり、本が職員室の話題となっていきます。

その頃合いを見計らって、たまに管理職やミドルリダーの方から、本を話題に話しかけると、より効果的です。


次のような「積ん読の告白」もいいでしょう。

「なかなか読む時間も体力もなくて、読んでいない本の山が高くなっていくんだよね。でも、いつか時間ができたらゆっくり読みたいと思っているんだ。」

などというように。


私は、勉強になると直感した本に出会うと、表紙の見返しに小さな付箋をたくさん貼り付けていきます。そして、大事だと思う文の上に付箋を貼っていきます。読み終えると、写真のようになり、次に自分で読み返すときのガイドになります。

職員室の机上には、この付箋を付けたまま置くようにします。これにより、教職員は
「たくさん貼られていますね。」
などと話しかけやすくなり、そこから自然に内容についての話が盛り上がっていきます。

職員室に、本の紹介コーナーをつくるのもおすすめです。表紙が見えるように立てた本に、カラフルな付箋を付けて、感想を知らせるだけなのですが、けっこう多くの教職員が「へえ。」と手に取ったり、本を話題とした会話が弾む様子が見られたりもします。

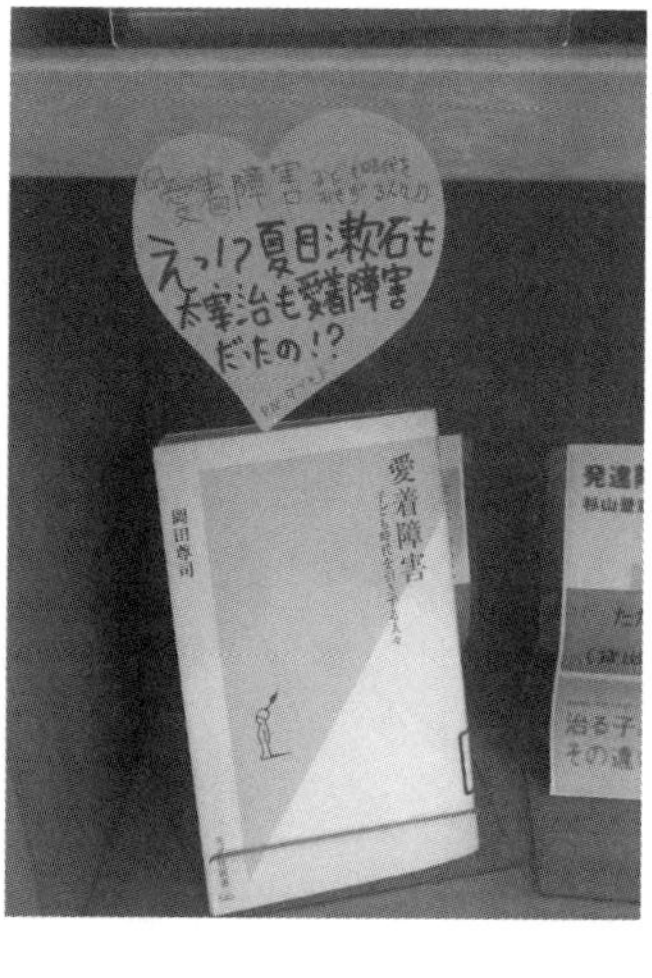

④教職員は、経験年数や在校年数に関係なく意見を述べ合っている。

元気な職場はユーモラスでおしゃべりです。

それでも経験年数が少ない若手や、異動してきたばかりの教職員などは、なかなか口を開けないものです。逆に、前任校や自分の思い描く理想像とのギャップから批判的な物言いをして無用のトラブルを招いてしまう場面もよく見かけます。そうしたことをうまく避けつつ、**フラットに意見を出し合**

える**職場**をつくりたいものです。

◆こんなこと、ありませんか?

ある学校の教頭が、職員会議の後、廊下で長く立ち話をしている二人を見かけました。二人とも、その年に異動してきた職員でした。ところが教頭がそばに寄ると、口をつぐんでしまいました。そこで、教頭は

「さっきの職員会議のことですね?」

と水を向けてみました。すると、二人は、

「ええ、まあ。」

と思うところを話し始めました。最初は遠慮がちに話していましたが、話し出すとだんだん勢いが出てきます。しばらく耳を傾けていた教頭が、

「思うところがあるんだったら、会議の中で意見を出すと良かったのに。」

と言ったところ、二人は口を揃えていいました。

「教頭先生、それは無理です。転入職員は、一年間はおとなしくしていないと。」

◆こうしてみませんか？

私は、新年度始まってすぐの頃、いつも同じことを言いました。

「外から来た人の目は、本校の『かくれたカリキュラム』発見のためにとても貴重です。外から来た人だけに見える景色があるのです。気付いたことがあったら、私か教頭に、小さなことでも、いや小さなことこそ言ってください。転入した皆さん、今、気になっていることはありませんか？」

これにより、前からいる教職員にも「これまでにとらわれないで、どんどん改革していこう」というメッセージが、自然に伝わったようです。

また、よくアンケートをとりました。

職場には、自分からは積極的に意見は出さないけれど、実によく全体の状況を見て、しっかり考えている教職員がいるものです。そういう方たちの**良識ある意見を引き出すには、アンケートが最適**です。思いがけない人から思いがけないアイディアが聞けます。一人一人の心の奥に眠っていた宝が見つかるのです。

アンケートを実施する際は、教員だけでなく、教員以外の職員にも

「書けるところだけでいいですからお願いします。もし、書くことがなかったら、『その他』のところに、校長や教頭にラブレターを書いてください。」

などと言って渡すと、笑いながら書いてくれます。

書いていただいた意見やアイディアを、

「この間、皆さんに考えを書いてもらったら、こんな意見が……」

と、紹介することから会話が弾み、学校が動いていきます。

年度の早い時期に**コーチングの研修**をするのもとても効果的でした。

悩みを抱える子供の指導には、コーチングのテクニックが効果的です。コーチングでは、「傾聴」「質問」「承認」をした後に、「提案」をします。この中には、「否定」や「指導」は入っていません。これが、私たち教員には難しい。つい指導したくなりますからね！（笑）
そこで、今日は、「否定」や「指導」をせず、「傾聴」し、次に「質問」しながら、相手を「承認」し続け、最後は「よかったらやってみない？」と「提案」する練習をします。
例えば、ある人が
「いやあ、ついつい授業中に横道にそれちゃって、気がつくと予定していたところまで進まないんだよなあ。」
と相談したとします。そのときに
「それはいかんな！ちゃんと予定どおりに進めないと、通知表の時期に大変だぞ。しっかりやらんとな。」

これは「否定」と「指導」です。（笑）これをしてはいけないんですよ。

では、私が同じことを言いますから、十分に「傾聴」してから「質問」し、私を「承認」し続けてください。そして、最後は「提案」してみましょう。

では、○○先生！（と、指名します。指名された教職員は緊張しつつがんばり、他の教職員から拍手をもらえたりもします。）


こんなふうにコーチングに挑戦してもらうと、教職員の個性が際立つ楽しい研修となります。この研修は子供の指導にも生きて、一石二鳥でした。

※なお、「傾聴」と「質問」について、石川尚子さんは、以下のように書いています。（引用中の太字は、著書の中の太字です。）

【傾聴について】
コーチの私が通常、何をしているのかというと、
まず「相手の話を聴くこと」です。いわゆる「傾聴」です。
ここで気をつけていることは、
「こちらが聴きたいことを聴く」のではなく、
「相手の話したいことを聴く」ということです。（略）

相手が言っていることを、否定しないでじっくり聴きます。

『コーチングのとびら』（石川尚子著　Dybooks　二〇一〇年）60ページより

【質問について】

コーチングでは相手の考えを質問していきます。


「相手の考えをたずねる」ということはどういうことかというと、

「あなたの意見を聴かせてほしい」

「私にはあなたの考えを受けとめる準備がある」

というメッセージを相手に伝えることなのです。相手に対する承認の一つなのです。

同書119ページより

⑤教職員は、生徒指導や学級経営について情報交換している。

教職員同士のコミュニケーションがうまくいくようになると、生徒指導や学級経営などにおける問題が、小さなうちに明らかになり、解決もスピーディになります。そして、その問題に打つ手も、複数の目と頭脳によるものとなり、適切なものになっていきます。

日常的な情報交換をする雰囲気や時間、場について考えましょう。

◆こんなこと、ありませんか？

①教職員の表情が

この頃、○○先生は、何だか元気がないように見える。でも、まあ本人が言ってこないのだから、こちらからあれこれ言うのもなあ。本当に困ったら言ってくるだろう……。そういえば、昨日は遅い時間に子供の家を訪問したらしい。大丈夫だろうか。明日は出勤できるのかなあ……。

②保護者からの相談依頼

保護者から、きょうだいで通学する児童の兄のことで相談したいとの申し入れ。そこで、きょうだいの担任に
「○○くんの保護者から、相談したいって言われているんですけれど、何かあったんですか？」

と聞くと、

「もう長いこと登校していないんです。」

という。それ、もっと早く言ってくれれば、さっきの電話の受け答えや受け持ちの子への声のかけ方

も違っていただろうに……。

③何かあったらしい

職員室に戻ってくると、何だか雰囲気がものものしい。ドアが閉ざされた校長室では、なにやら深刻な話がされているような。そこにいた教職員に「何かあったの？」と聞いてみるが、「さあ……。」

◆こうしてみませんか？

①②合言葉は、「問題は芽のうちに！」「愚痴も打合せのうち」

多くの教職員は、生徒指導について、「他の人に迷惑をかけたくない」「自分の責任で解決しよう」と考えがちです。そのため、事例のようなことが頻繁に起こります。そして、それが長い目で見ると問題を複雑化し、解決を長引かせ、教職員を孤立へと追い込んでいくことが多いのです。①や②のような状態を回避しなくてはなりません。

それには、管理職やミドルリーダーは「問題は芽のうちに！」「愚痴も打合せのうち」を合言葉にするといいでしょう。「問題は芽のうちに」対応すれば、労力が省けます。また、教職員も感情の生き物ですから、「愚痴も打合せのうち」と安心して愚痴をこぼせる雰囲気をつくることが大事です。

縦糸の項（54ページ）で紹介したように、生徒指導の交流をワークショップ型でするのも、とても効果的です。

ただし、気をつけなくてはならないのは、愚痴は許容しても、

「あの子（保護者）は、どうしようもないよね。」

といった**指導や対応のさじを投げるような合意形成に落ち着かせないようにする**ことです。

管理職やミドルリーダーは、相談してくれたら、まず「ありがとう。早めによく相談してくれました。」と受け止めることです。また、愚痴に対しては、まずコーチングの手法（95ページ）で共感的に受け止めたいものです。

③掲示板を活用

上の写真は、私が勤務した学校の職員室です。

実は、教職員の背面にある大きな掲示板は、後ろが書棚になっており、元はここにガラス戸が入っていました。しかし、ガラスは地震時に割れると凶器になりますから撤去し、代わりにコンパネをはめて、ホワイトボードを張りました。これが、職員室内の情報共有にとても役立ちました。

例えば、「重役出勤」（給食ギリギリに登校してくる）の子がキャッチできたら、すぐに「5の2MY」などと、クラス名とイニシャルを書いておきます。これにより、安否確認は済んでいることが一目で分かります。登校したら、その横に「11：35　OK！」などと記入することで、その後の動きも共有できます。ただし、職員室には児童生徒や保護者、地域の方、業者など不特定多数の方が入室するので、**名前はイニシャルにする**など配慮しなくてはなりません。

また、修学旅行などの全校的な行事の際は、日程表を板書しておき、その横に「順調」とか「渋滞で30分遅れ」などと書いておくことで、全職員でその行事を見守っている感じを演出することができます。

また、この掲示板横の棚には、自由に使える事務用品が置いてあります。そこにあって便利だったのが**「付箋」と「サインペン」**でした。

例えば、保護者から電話があり、きょうだいのいる担任や管理職に伝えた方がいいと判断した場合、「後で……」と思っても、その場に該当者がいなくて伝え忘れることがありがちです。しかし、付箋とペンがあれば、走り書きをして、該当者の机上に貼り付けておくことで、伝え漏れがなくなります。

これは、トラブルだけでなく、子供の様子などで「いいな」と思ったことを伝えるのにも便利でした。また、事務職員、用務員がしてくれた作業へのお礼などにも気軽に使えます。気持ちを忘れずに伝えることができ、職員室の空気が温かいものになります。（第三章の実践事例にも付箋の活用が報告されていますので、併せて御覧ください。）

⑥教職員は、日常的に授業や指導を見合っている。

学校でもっとも長い時間費やされるのは、授業です。そして、授業には授業者の人柄や教育観、学級経営、教材観、授業観などが如実に表れます。授業をオープンに見せ合う雰囲気のある職場では、**学級経営の悩みや生徒指導案件などへの気付きが早くなり、チーム対応も的確になります。**また、自然に各自の授業の力量も向上していきます。

◆こんなこと、ありませんか？

①教室に入らないで

ある学校の教員は、夏でもドアを閉め切っています。廊下側の窓には色画用紙を貼って、覗かれないようにしています。教室に入ろうとすると授業を中断して「何ですか？」と立ちはだかります。そういえば、研修部が全員が年に一度は授業を公開しましょうと提案した際に、「監視するのか。」と反対したのもその教員でした。

②やっぱり遠慮しておきます

授業は、見る方に遠慮があることも少なくありません。

若い教員が、翌日の授業づくりに苦戦しています。教科書や指導書を前に、時折天を仰いでいます。いいことです。しかし、けっこう長い時間が経過しています。そのうちに、とうとう机におでこをつけて大きなため息をついてしまいました。

その様子を見た研修部長が、学年の違うベテラン教員の授業を見せてもらっては、とアドバイスしたところ、

「えっ、迷惑じゃないですか。う〜ん、やっぱり遠慮しておきます。」

◆こうしてみませんか？

実践をオープンにできないのも不安だからです。まず、年度初めに管理職やミドルリーダーが、授業を見て気付いた点を教職員に伝えておくことにより、「自分だけではない」「授業を見たり見られたりするのは特別なことではない」と、安心させることができます。

その上で、不安を少しずつほぐし、素直な気持ちで指導の力量や仲間意識を高め合っていくことが、

元気な学校づくりに大きな役割を果たします。

①教室に入らないで

私が勤務した学校には、必ずこのような教員がいました。

私は、教頭時代にこうした人への対応を間違えてしまいました。この人を説得（途中から論破）しようとしたところ、「パワハラだ。職員団体に訴える。」と言われたのです。幸い校長が取りなしてくれて訴えられることはありませんでしたが、隠そうとする人と言い争っても、ほとんど進展など期待できないことを学びました。

その後は、このような人に決まって伝えたのは、「先生の**『授業』を見に行くのではなく、『子供たちの様子』を見に行く**のです。」ということです。そして、教室の前から入り、ずっと目線を子供たちの方へ向けるようにしました。

教室を出る際は、付箋にその教員の工夫や子供たちのいい反応などをメモして、教卓の上に。その時は、その教員はチラリと見るだけでしたが、しっかりと受け取ってくれていたようです。

職員室に戻ってから、意識したのが**「陰褒め（かげほめ）」**です。

「○○先生ね、子供たちの前で少し音読していたんだけれど、うまいんだよ。」

など、ちょっとしたことを、職員室にいる人たちに伝えると、しばらく時間が経つうちに自然にその教員の耳にも入ります。やがて、頑なだった表情や物言いが、おだやかになっていきました。校内の通信による授業の紹介（37ページ）なども、「陰褒め」の一つと言えるでしょう。

②やっぱり遠慮しておきます

教職員は、多忙です。それを知っているから、自分のために迷惑をかけてはいけないと考えるのは自然なことです。ですから、管理職から

「年長者や教科の専門の先生は、若い先生や他教科の人の指導ぶりを、秒単位でいいので、たまに見に行ってあげてください。また、自分の授業で教材や展開を工夫したり、子供たちが盛り上がったりした際には『ちょっと見に来ない？』と気軽に声をかけてあげてください。特に、参観日の授業などは、事前に見合っておくといいですね。」

など、相互に見合うための背中押しの一言を伝えるといいでしょう。

また、管理職やミドルリーダーが「これは参考になる！」という授業場面に出合ったときには、

「私が教室を少し見ているから、ちょっとお隣を見ておいで。いい授業をしているから！」

と言うのもいいでしょう。

なお、多くの教職員は、教室の後ろのドアから入ってずっと後ろで参観する傾向にありますので、

「子供の表情を見るといいよ。」

とか

「授業者の視線などを間近で感じられる場所はどこかを考えるといいね。」

などとアドバイスするといいでしょう。

そして、感想を付箋で渡すように促すと、見せた方にも喜ばれ、ますます見合うことへの抵抗が少なくなります。

授業の写真を使って感想交流をすることも、授業を見る目を鍛えるのと同時に、短時間の参観を実り多いものにすることに役立ちます。（34ページ）

⑦作成したプリントや通信類は、他の教員にオープンにしている。

これも、オープンな情報共有についてです。プリントや通信をオープンにすることは、業務の効率化や教職員の力量の向上につながります。また、教職員同士の横糸も強くします。

◆こんなこと、ありませんか？

①学習プリント

ある教員が、長期休業中に一生懸命教材研究をして、単元全時間の学習プリントを作成しました。そして、自分の学級でそれを使って授業しました。子供たちからは、工夫を凝らしたそのプリントは「面白い！」と大歓迎されました。

しばらくすると、それが他のクラスの子にも伝わり、「いいなあ。面白そう。」の声が聞かれました。それは、やがて保護者にも伝わり、学級懇談の席上での質問が出るようになりました。

「隣のクラスで、とても面白くてよく分かるプリントを使っているようなのですが、うちのクラスでは使ってくれないんですか？」

隣のクラスの担任は、そのとき初めてそのプリントの存在を知りました。

②家庭学習の時間

ある教員が、学級通信で家庭学習の目安の時間を示しました。それは、「学年×10分」というものでした。

ところが、実はその少し前に同じ学年の他の先生も、学級通信で示していました。それは「学年×10＋10分」でした。小学校四年生の学年でしたので、ある学級は五十分、隣は四十分と示されてしまったのです。これも、保護者からの問い合わせの電話ではじめて分かったことでした。

保護者の電話の最後の言葉は、

「学校では、こういうことを、先生たちでちゃんと話し合って決めているのではないんですね。」

でした。

◆こうしてみませんか？

プリントや通信類は、右のような波紋を招く恐れがあることを予想しておきたいものです。こうしたことを予防するには、年度当初から、管理職が、教員同士が気軽に情報交換することを促し、折に触れて風通しのいい学校にしたいと伝えることが必要です。

しかし、それだけでは不十分です。**風通しの要となるのが、ミドルリーダーの働き**です。

①学習プリント

教務主任は、年度初めに、

「授業に使うプリントや学級通信などは、同じ学年や教科、その他関係すると思われる教員や学習補助員等、管理職や教務主任等ミドルリーダーの机上に配付するようにしてください。」

と指示します。忙しいとつい忘れがちですから、印刷機の側に

「プリント＝児童（生徒）配付数＋〇枚印刷（学年・教務主任・学習補助員・教頭分）」

などと掲示しておくといいでしょう。

また、研修担当のミドルリーダーは、**プリントの交流**を研修として仕組むといいでしょう。とても簡便で、効果の高い研修です。

授業をしている教員が、**「これは面白かった」「子供たちが意欲的にがんばった」「すごい考えが表現されている」と思われるプリント（児童生徒が記入してある）を、各自一、二枚持ち寄って、テーブルの上に並べ、それを自由に見合って、感想を付箋に書き込んで貼っていく**のです。

たったこれだけですが、他の学年や教科の学習内容や児童生徒の様子が分かるのと同時に、各教員の工夫も伝わります。これは、**テストやノートなどでも同様に**できます。

実りのある、楽しい、しかも手間いらずの研修となり、教員からの評価も上々です。

学年を超えて活用できそうなプリント（縄跳び検定カードなど）は、印刷室に**共有ボックス**を置くのも、効果的です。共有ボックスに入れる際は「面白いかも！」などの**ポップ付箋を付けておくと**、入っているのを目ざとく見つけた教職員が、手に取り、コピーを取って、自分の教材のストックにしたり、他の教員に広めてくれたりするなどの動きも自然に出てきます。

私の勤務校では、基礎学力定着のために、全校で検定に取り組んでいました。漢字、計算、ローマ字、数詞、部首、縄跳び、鍵盤ハーモニカ、リコーダー、県名（漢字で白地図に）、地図記号、歴史年号、十二支、百人一首、暗唱詩文……。様々なプリント教材が開発されました。これらは、学年を超えて取り組まれることも多かったので、自然に廊下にプリントが置かれるようになり、通りかかった子供たちも教員がそれを見たり手に取ったりして自然に交流するようになりました。

次ページは、その写真です。また、これらの詳しい内容や活用の仕方につきましては、拙著『日常授業の改善で子供も学校も変わる！　学力向上プロジェクト』（野中信行監修　横藤雅人編著　北広島市立大曲小学校著　二〇一五年　明治図書出版）を御覧ください。

廊下に置かれたプリント

○計算検定

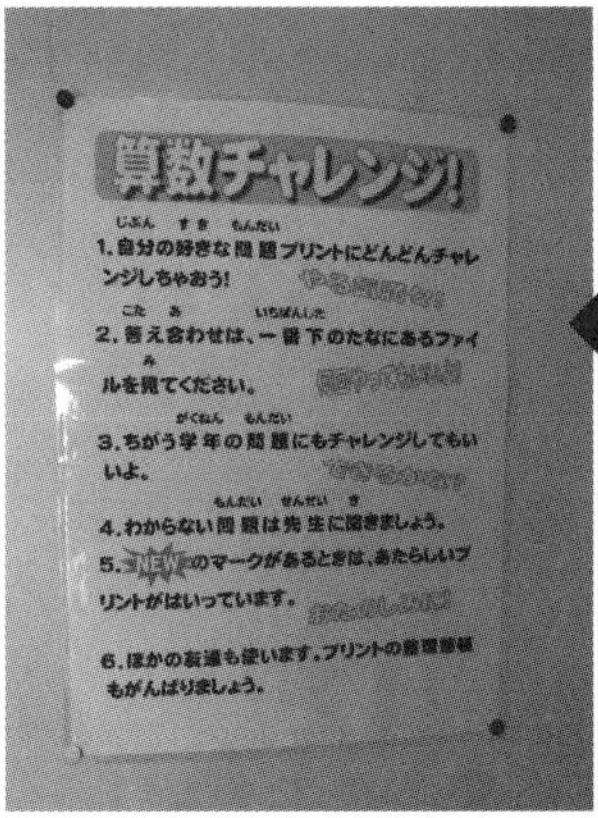

○歴史年号検定

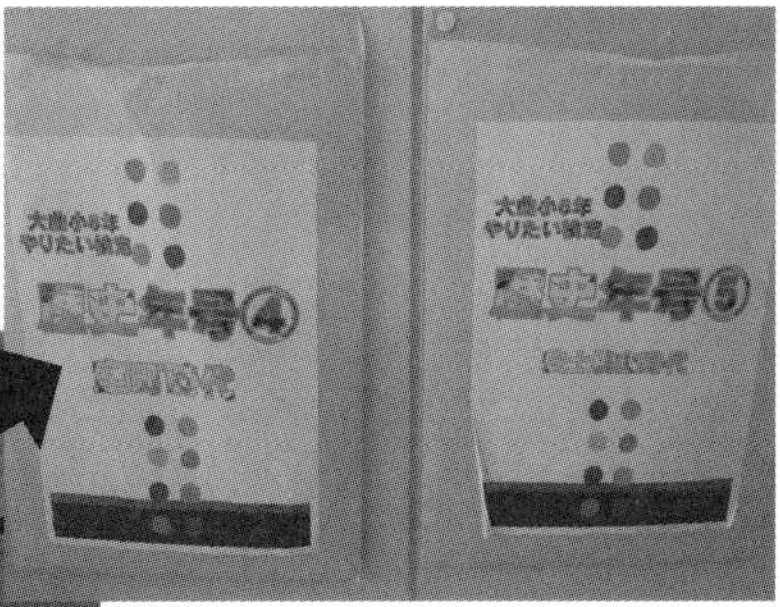

○地図検定

このような、学年を超えて自由に活用できるプリントが、校内のあちこちに整備されていました。

平成２６年度
大曲小学校

家庭学習ガイド（3.4年生用）

家庭学習のめあて

自分からべんきょうしよう

家庭学習のめやす

40~50分

学習の特徴

○ 国語辞典や漢字辞典、地図帳などの使い方を学び、自分で調べる学習が多くなり、自学自習の基礎を学びます。
○ 算数では、四則計算（＋、－、×、÷）の基礎・基本を徹底して学ぶとともに、分数や小数なども学ぶようになります。

家庭での援助

「急に勉強が難しくなった」という戸惑いや苦手意識を持つ子供も出てきます。自信を持たせたり、意欲をふくらませたりするような励ましが大切です。

○ 学習を始める前にテレビやゲームのスイッチを切りましょう。
○ 勉強する場の整理整頓をさせましょう
○ 家庭学習をするときは近くにいてあげましょう。
○ 自分で今日の宿題を確認させ、必ずやりきらせましょう。
○ 自分から机に向かう姿勢が育つよう、声をかけたり励ましてあげたりしましょう。

家庭学習の内容

教　科	具体的な学習内容
国　語	（読む）教科書を句読点（、や。）に気をつけて正確に音読する。 （書く）書き順や形に気をつけて漢字の練習をする。 漢字を使った文章を書く。 （言葉）国語辞典や漢字辞典を使って意味や使い方を調べる。 （読書）興味のある本を読み、感想などを書く。
算　数	かけざん、割り算の計算練習を繰り返し行う。 教科書の例題をノートに写し、解いてみる。 教科書やドリルの問題を練習する。 三角定規や分度器、コンパスの使い方を練習する。
そのほか	その日の学習をノートや教科書を見ながら振り返る。 一日の中で印象に残ったことなどを日記を書く。 リコーダーの練習をする。 翌日学習するところを教科書で確認する。 興味のあることを図鑑や事典、インターネットなどで調べてまとめる。 次の検定に向けて練習する。

②家庭学習の時間

少なくとも学年内で、できれば全校で、**授業の進め方や家庭学習の方針や時間の目安などについては共通化することが大事**です。

年度初めに、上のような手引きを全家庭に配付し、学校便りで周知することにより、保護者の協力も得られやすくなります。

これらは年度末の保護者アンケートでも高い評価が得られました。

⑧複数で授業をする際は、打合せと振り返りがスムーズにされている。

ＴＴ（ティーム・ティーチング）やＡＬＴ（外国語指導助手）と共に進める授業、特別な支援を必要とする子供たちに学習サポートをするＡＴ（アシスタント・ティーチャー）、特別支援学級の子供たちとの交流授業時に共に指導に当たる特別支援学級担当、外部からお招きするＧＴ（ゲスト・ティーチャー）、さらには教育実習生など、複数の指導者が一つの教室で指導にあたる場面がたくさんあります。図書館司書やＰＴＡのボランティアによる読み聞かせもあります。小学校の場合は高学年が低学年のお世話に入るなどもあります。

このような複数の指導者や援助者という恵まれた条件を生かせるかどうかは、打合せと振り返りが効率よく、実り多いものになっているかで決まります。

◆こんなこと、ありませんか？

①打合せができない

定年退職後に再任用でＴＴとして勤めている教員がいます。いわゆるハーフ勤務で、午前中しか在校しません。そのため、放課後にその日の授業の振り返りをしたり、翌日の打合せをしたりすることができません。

「本当は、授業者の先生ともっと話したいんだけれど……」と残念そうです。

②交流学級での授業

特別支援学級の担任が、特別支援学級児童を連れて通常学級の朝の会に参加していました。一時間目が始まろうとしたとき、通常学級の担任が声を上げました。

「あ、言ってなかったっけ。時間割変更したんだ。」

特別支援学級の担任は、

「あ、そうなんですね。」

と言うと、特別支援学級の児童を促して、学級に戻りました。

「予定が空いちゃったね。さて、何しようかな？」

③読み聞かせのときに

読み聞かせを終えたＰＴＡのボランティアの方たちが、職員室に終了の挨拶に見えました。教頭が

「ありがとうございました。子供たちの様子で気になったところはありませんでしたか？」

と声をかけますと、

「ええと、言いにくいのですが、私たちが読み聞かせている間、担任の先生が、どこかに行ってしまわれたんです。できたら、先生にも同じ場にいていただき、読み聞かせた本について知っておいていただけたらと思うのですが。」

と言われてしまいました。

◆こうしてみませんか？

右の例は、全て打合せや振り返りの持つ意義について、十分な認識ができていないこと、そして、打合せや振り返りを実現する具体的な工夫が足りないために生じている「**指導の抜け**」の例です。ちょっとした工夫で、これらは容易に解消できます。

①打合せができない

可能であれば、二週間から月に一回程度でいいので、**ハーフ勤務の時間をずらして**もらいます。通常は朝少し遅めに来て、お昼までとか五校時終了までとなっている勤務時間を、お昼近くの出勤、放課後までとしてもらうのです。とても効果的です。教育委員会がこのことに難色を示したら、

「打合せも重要な勤務と考えます。」

と折衝することが、管理職の役割です。

振り返りの方は、横糸⑤の項で述べた付箋方式（101ページ）がとても効果的です。ＴＴ担当者に、一人一冊メモ型付箋を渡し、教室を去る際に、授業者に次ページのような付箋を渡すようにお願いし

ます。これにより、勤務時間のすれ違いをカバーすることができます。（35、132ページも参考にしてください。）

○月○日○校目
今日のA君の「…………」という発言、素晴らしかったですね！
それを見逃さずに取り上げた先生の眼力に感動しました。
○○○○より

○月○日○校目
板書、とても構造的で、子供たちはもちろん、私も日本の自動車産業の課題がはっきりと分かりました。ありがとうございます。
○○○○より

○月○日○校目
子供たち、ほとんどは元気に取り組めていましたが、Bさんは元気がなかったです。話しかけても無反応。先生からアプローチしてもらえたらと思います。○○○○より

○月○日○校目
今日の子供たちの疑問に答えられそうな資料があります。明日、お持ちしましょうか？
○○○○

②交流学級での授業

こういうときは、教務主任の出番です。**各クラスの授業時間の把握と調整は教務主任の主要な業務**ですから、このような事態の再発防止のために、該当する特別支援学級の児童及び保護者に、交流学級及び特別支援学級の担任、学年主任、そして教務主任の四人で**きちんと謝罪**することです。その際は、教務主任が率先して心を込めて謝ることです。教務主任は、教育課程運営の責任者なのですから「現場で起きた事件」の責任を負っているという自覚をもち、そのことを身を以て示すことが大事です。

これを一度きちんとすると、再発はまずなくなります。

③読み聞かせのときに

こうしたことを防ぐには**「読み聞かせの時間の司会は担任」**としておくといいでしょう。読み聞かせの最後は、担任によって子供たちに一言感想を求めるとか、拍手でボランティアの方を送り出すなどの、担任の役割を明確にしておくのです。

また、ボランティアの方の声をフィードバックすることも効果的です。

「読み聞かせボランテイアの方から、うれしい声がいただけました。読み聞かせの日に、座席を後ろに下げて、床に腰を下ろした子供たちが拍手で迎えてくれたそうです。そして、担任の先生が感想を言ってくれる子を募ったり、拍手で締めくくったりしてくれて、とってもうれしかったとのことでしたよ。お心遣いに感謝します。」

こんなフィードバックにより、多くの教員が同じようにし始め、校内の雰囲気はますます和やかなものになっていきます。

⑨行事の準備や環境整備等の作業時は、全員が協力している。

忙しい現場では、業務が縦割りに陥りやすく、「隣は何をする人ぞ」になりがちです。行事や環境整備などの際、全員でカバーし合って作業することは、そんな孤立状態を緩和する絶好の機会です。しかし、協働にあまりなじまないままに教職員になる人も増えています。管理職やミドルリーダーは、それを踏まえて、機会を設定したり意識を高めたりする必要があります。

◆こんなこと、ありませんか？

運動会の準備で、全員がグラウンドで作業しています。教頭が電話番で一人職員室にいたところ、若い教師が一人戻ってきて、パソコンに向かいました。

教頭が、

「あれ？もう作業は終わったの？」

と聞きますと、

「はい。僕の仕事は終わりました。」

と言います。

窓の外では、まだ作業は続いています。

◆こうしてみませんか？

右の事例は、私がいくつかの学校で経験したことです。そのたびに、次のようなことを言ってきました。

「先生の学級の掃除の時間、ある子が黒板を消す係だったときに、すぐ側で他の子がバケツをひっくり返したとします。そのときに、その子が『自分の仕事は黒板を消すことだから関係ない』と見ていたら、先生はそれを良しとしますか？」

ほとんどの教職員は、

「いや、それは……」

と首をひねります。

「じゃあ、机を運ぶ係の子が、床掃除が終わっていないときに、教室の端で遊んでいたら？」

これには
「それは、注意しますね。」

と言います。

「でしょ？　掃除は、全員で進めるものだからね。それと、今先生たちでやっている作業は、同じだと思いませんか？　もし、自分の割り当ての仕事が終わったら、時間のかかっているところに行き、見守っていれば、手伝えることが見付かると思いますよ。」

時代は孤立化を深めています。「自分の割り当てだけをすればいい」と思ってしまう教職員がいるのは、その一つの表れです。だからこそ、現場ではこういうことを、きちんと伝えなければいけないのです。強く叱ったりする必要などありません。やんわりと言うだけで十分に伝わります。

ですが、右の手立ては次善の策です。

こうしたことが予想されるようなら、

「自分の割り当てが早く終わった人は、他のところに回ってください。どこに行けばいいか迷ったら、〇〇先生のところに行って聞いてください。」

と言っておくといいでしょう。予防に優る策はありません。

そんなことまで、言わなくてはならないのか、と思われるかもしれませんが、時代の変化に対応するとは、このようなことなのです。

⑩管理職も児童生徒の全体指導や授業にあたっている。

管理職が、どんな気持ちでその職に就いているのかは、児童生徒への指導にどうあたっているかで分かります。自ら求めて学級や学年、全校への指導、あるいは授業にあたる管理職でありたいものです。

◆こんなこと、ありませんか？

何人かの管理職から、次のような言葉を聞いたことがあります。

「子供の相手をするのは、もう卒業しました。」

「校長は『上がり』、教頭は『上がり待ち』」

「教頭は『事務屋』、校長は『挨拶屋』」

「管理職がいい授業をすると担任や授業者の評価が下がるから授業しない。」

そして、残念そうな表情で付け加えた言葉が、

「まあ、補欠や生徒指導はやらなくてはいけませんが。」

思わず耳を疑いましたが、当人は真顔でした。

実に残念です。

（これを読んで、残念だとは思わない方がいないことを祈ります。）

◆こうしてみませんか？

管理職も、教育者です。それも、実践家なのです。

どんどん、各教室へ行きましょう。

機会があるなら、全体指導や授業をさせてもらいましょう。一単位時間でなくてもいいのです。授業者の補助役を気軽に買って出るのもいいでしょう。赤ペンを持参し、丸付けを待つ子がいたら、お助けマンとして丸付けをするなどもいいでしょう。練習問題を解く場面で、首をひねっている子がいたら、授業者の了解を得て、個別指導を担当するのもいいでしょう。合唱や音読、演技、発表などを見聞きした際に、子供たちにそのがんばりへの感想や感謝を伝えたりねぎらったりするのも立派な指導です。

指導教員に反抗している子や、教室に入れない子、いじけている子の言い分に耳を傾けて、指導教員にうまくつなぐ役を担うのもいいでしょう。

管理職も共に子供たちの指導に当たるのだという姿勢をもつことが大事です。その姿が、毎日児童生徒を相手に奮闘する教職員への何よりの応援歌になります。

授業名人として知られる野口芳宏先生は、**「からの努力を」**とおっしゃいます。


私は「までの努力」と「からの努力」という話をよくするんでです。教師になるまで、あるいは校長になるまでの努力は誰でもする。でもなってから努力する人はほとんどいない。

対談「教育の志を取り戻せ」（野口芳宏・向山洋一）月刊『致知』平成十九年九月号より

いい学校づくりをしようと思うなら、共に指導にあたり、**共に悩み、共に喜ぶこと**です。それが、管理職・ミドルリーダーの「からの努力」です。

そんな管理職・ミドルリーダーに、他の教職員が寄せる**厚い信頼が**、**元気な学校をつくる**のです。

コラム「ウィズコロナの時代」

本書では、随所で新型コロナウイルスの感染拡大について触れています。

ウィズコロナの時代とは、新型コロナウイルスを「アクセプタブル・リスク」（受容すべき危機）として捉える時代です。

子供たちを預かる学校は、そもそもアクセプタブル・リスクに常に対峙しています。自然災害、交通事故、不審者、そして各種伝染病…。

また、孤立化と権利者意識の増大を深める現代においては、いじめや暴力行為、立ち歩きから端を発する学級崩壊、保護者のクレームなどもそれらの一つです。

それらは、「ないことが望ましい」ものですが、「備えておくべき」ものです。

新型コロナウイルスに関しては、今後は治療薬やワクチンも開発されるでしょう。そうなれば、インフルエンザなどと同じように、感染防止に力を入れ、罹患した際は、出席停止により、対応していくことになるでしょう。

今後は、管理職やミドルリーダーがリーダーシップを発揮して、学校がチームとして複数のアクセプタブル・リスクをマネジメントする一方で、そんな中だからこそ、子供たちの教育に、また学校づくりに必要なふれ合いが薄まらないようにすることがいっそう求められます。

また、ここしばらくは本人や身内に罹患者が出た場合の偏見への配慮も大事な視点となるでしょう。

第三章

ドキュメント・学校づくり

管理職やミドルリーダーによる「学校づくり　縦糸・横糸チェックリスト」の活用事例を紹介します。

事例は、北海道内の学校として紹介していますが、全国の協力者からいただいた情報も盛り込んでいます。
実際に学校を訪問したり電話したりして行ったセッションで得た実践や成果は、すべて事実です。元気な学校づくりのドラマを御覧ください。

※ここに登場する学校名や個人名はすべて仮名・複合モデルにしています。

1　この章で使った「縦糸・横糸チェックリスト」と「マップ」について

本書冒頭の**「学校の元気度チェック」**は、簡易版です。

この章で使ったのは、項目は同じですが、**【いつもできている、大体できている、たまにできている、できていない】**の四段階でより詳しく点数化できるようにしてあるものです。

また、チェックは三回行い、それぞれの回で得られた縦糸と横糸の得点の推移が見える**「学校づくりマップ」**を作成しました（138ページほか）。すべての項目が満点でも、合計点は九十点です。教育実践に百点は無いからです。

なお、この「学校づくり　縦糸・横糸チェックリスト」及び「学校づくりマップ」は、さくら社のホームページからダウンロードすることができます。エクセルの「学校づくり　縦糸・横糸チェックリスト」は、「記号」のドロップダウンリストから◎、○、△、×のいずれかを選ぶと、自動で各項目の点数と合計点が入り、「学校づくりマップ」に反映されて便利です。御活用ください。

学校づくり 縦糸・横糸チェックリスト
学校づくりマップ

2　この章に登場する管理職・ミドルリーダーとセッションについて

登場する五名は、すべて私の知り合いの管理職・ミドルリーダーです。

それぞれ二回のセッションを行いました。

(1)　セッション一回目

令和元年の十二月に学校を訪問、またはメールと電話（遠隔地の場合）で「学校づくり　縦糸・横糸チェックリスト」を渡し、次の二回分を記入していただきました。

①その方が着任した年の四月下旬を思い出して

②訪問した（メールを送った）日

この二回分の得点を「学校づくりマップ」に落とし、セッションしました。

学校を訪問させていただいた際は、授業を参観させていただいたり、他の管理職やミドルリーダーと面談させていただいたりしたこともありました。

セッションの終わりには、今後力を入れたい項目を、縦糸・横糸それぞれから一〜二選び、その項目に関して、本書の参考事例等を紹介しました。

(2)　セッション二回目

一回目のセッションとの間に、約二か月おいて実施することにしました。はっきりとした**成果が出**

るのに、二か月くらいあれば十分と予測したからです。もし二か月たっても効果が見えないようなら、それはやり方にどこか不備があると考えられますから、早めに作戦を練り直さなくてはなりません。また、二回目のチェックの結果、もっと工夫できそうなことがあれば、三回目のセッションを行ってもいいと柔軟に考えていました。

しかし、この前後に、**新型コロナウイルス感染症の全国的な広がり**が起こりました。

卒業式も入学式も中止・延期となり、長期間の自宅待機となりました。協力校には、電話で連絡することも難しい状況となりました。そんな訳で、ほとんどの学校の二回目のセッションは、四月中旬過ぎ、あるいは五月の大型連休後に、電話でようやく実現できたのでした。このようなイレギュラーな状況の中で、結果はどうなったのだろうかと心配したのですが、その結果は、驚くべきものでした。

すべての学校から、

「この『学校づくり　縦糸・横糸チェック』のおかげで、新型コロナ危機も極めて効率的に乗り越えることができた。そして、**危機的な状況だからこそ**、学校は確実に『チーム学校』に向かって進んだ。」

との声が届けられました。どんな状況にあろうとも、学校は、着実に、力強く歩んでいくことのできる可能性に満ちた教育機関なのだと感動させられました。

では、力強く学校を変えていった五人の挑戦を、どうぞ御覧ください。

3 「チーム学校」を実現した五人の取組

(1) 小学校校長・熊山先生

1. プロフィール

熊山先生は、五十代半ば。私が小学校に勤務していた頃、同じ民間研究団体に属していた仲間です。令和元年度に、S市立中池小学校に校長として着任しました。

中池小学校は、大きな公園に隣接し、豊かな自然に囲まれた場所にあります。児童数百五十名ほどの八学級(通常学級六、特別支援二)、教職員数は、教員十三名、教員以外の職員三名の小規模校です。開校七十年以上の歴史ある地域密着型の学校で、特に和太鼓を取り入れた教育活動は二十五年以上継続されており、特色ある教育活動として位置付けられています。

2. セッションの記録 (※熊は熊山先生、横は横藤)

(1) 一回目(着任から九か月目の十二月)

横：この春着任して、中池小の第一印象はどうでしたか?

熊：一人一人の業務が多く、先生たちに余裕がないなあと思いました。小さな学校なのですが、やることはたくさんありますし、管理職やミドルリーダーも、補欠授業に入ったり、職員室から離れられない状況であったりすることが多く、日常の授業への指導・助言や情報交換も難しい状態でした。そのため勤務年数の多い職員にいろいろな業務や選択を依存してしまう傾向もありました。様々な面で組織的な対応になっていないという感じでした。

横：では、経験の少ない先生が悩むことことも？

熊：そうなんです。**学級経営に悩み、「もう辞めたい。」と訴える教員**もいました。励まして、何とか続けてはいますが、喫緊の課題だと感じています。その教員を支えるためにも、校内研修で授業について話し合い、教職員間の交流を深めようと思ったのですが、うまくいかなかったです。

横：なるほど。そういう場合は、環境や児童の生活などに荒れが見られがちですが、どうでしたか？

熊：本校は、前年度に周年事業を終えたばかりで、環境整備はある程度なされ、校内もまあまあきれいでした。しかし、歴史ある学校なだけに整理されていないものが多く、手つかずな部分もありましたね。また、地域がしっかりしており、協力的な家庭も多いため、生徒指導に追われるというようなことはほとんどありません。ただ、それに甘えてか、学習や生活のルールは明確にはなってはいませんでした。学級解体もないため、担任が替わる際にルールも変わるといった状況で、学校としての積み上げは見えていませんでした。**校長室の応接セットを撤去し、テーブルを導入して、交流できるようにと工夫した**ところ、**横のつながりが見え始めてきた**感じはしています。

横：ああ、今打合せをしているこのテーブルも、居心地がいいですね。

熊：この頃、少しずつ先生たちが、「使わせてください。」と来るようになりました。

横：それは、大きな成果ですね。応接セットが主役になっている校長室は、教職員との間に壁を作ってしまうことが多くなりがちなんですよね。では、さっそく「学校づくり　縦糸・横糸チェックリスト」に記入してください。（記入してもらいました。）

熊：**チェックして、私の力不足なところが見えてきました。**縦糸は、「**2　管理職やミドルリーダーは、授業を見て気付いた点を教職員に伝えている。**」、横糸は、何と言っても「**8　複数で授業をする際は、打合せと振り返りがスムーズにされている。**」です。何とかしなくては、と思いつつも、日々の動きに追われて手つかずだったことが、改めて分かりました。でも、先生たちみんな忙しそうで、ついこちらも遠慮していました。どうすれば、効率的に取り組めるでしょうか。

横：この二つを同時に**改善するのに、オススメなのは付箋の活用**です。（35ページ、101ページ）

熊：なるほど！　これならすぐにできそうです。やります！　本校は、TT、少人数指導、専科指導は熱心に行われてはいるのですが、打ち合わせや振り返りの時間確保が難しい状況でした。でも、付箋があれば特別に時間を取らなくても済みますね。「**縦糸7　特別教室や印刷室、準備室などの共有の場に私物は置かれていない。**」も、すぐにできそうです。あと、先ほどお話しした、悩みを抱える先生には、どのようにアプローチしたらいいでしょうか？

横：それにも、付箋の活用は効果的だと思いますよ。先生たちが安心すれば、自然に明るくなっていくことが期待できます。

そういえば、この校長室に寄せていただくのは2回目ですが、机上にも本棚にも前回とはまた違う本が増えていますね。

熊：はい。私自身、もっともっと勉強しなくては、と思っておりますので。

横：その気持ちが、本が入れ替わるということで見える化されていることも、教職員の校長先生に対する信頼感に結びついていると強く感じます。**（横糸③）**

熊：そうだとしたら、とてもうれしいです。

（2）二回目（四月中旬）

横：**新型コロナウイルスへの対応**、本当にお疲れ様です。大変でしょう？

熊：市教委の方針も日々変わるし、それを受けての校長会の指示も、午前中のものが夕方には変わっているという状況です。でも、**このピンチが逆に職場の和を強めている**と感じているんです。**「みんなで乗り切らなくては。」という気持ち**が出てきて、先日も先生たちが、自主的に本校のゆるキャラによる子供たちへのメッセージ動画をホームページにアップしてくれました。

横：おお、それはすごい。（この時点での教員による動画配信は、全国でもかなり早い方。）そんな動

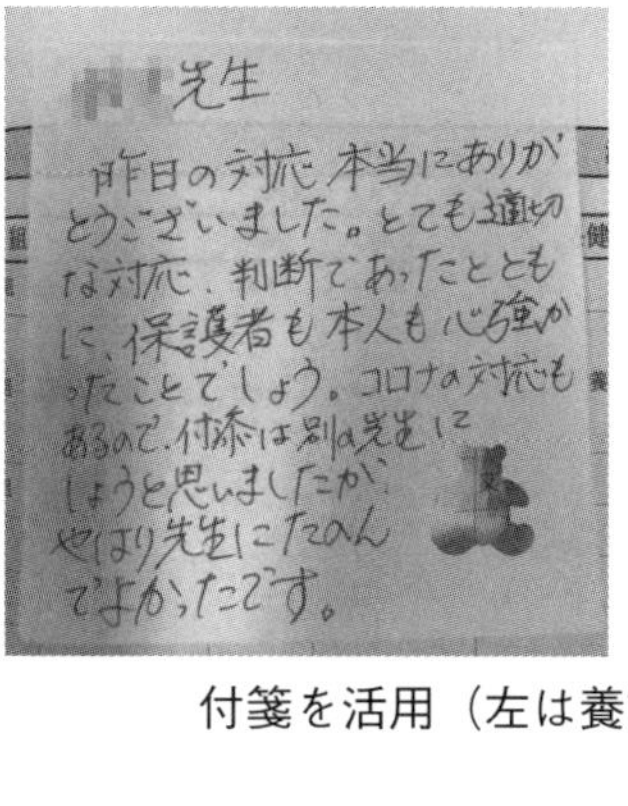

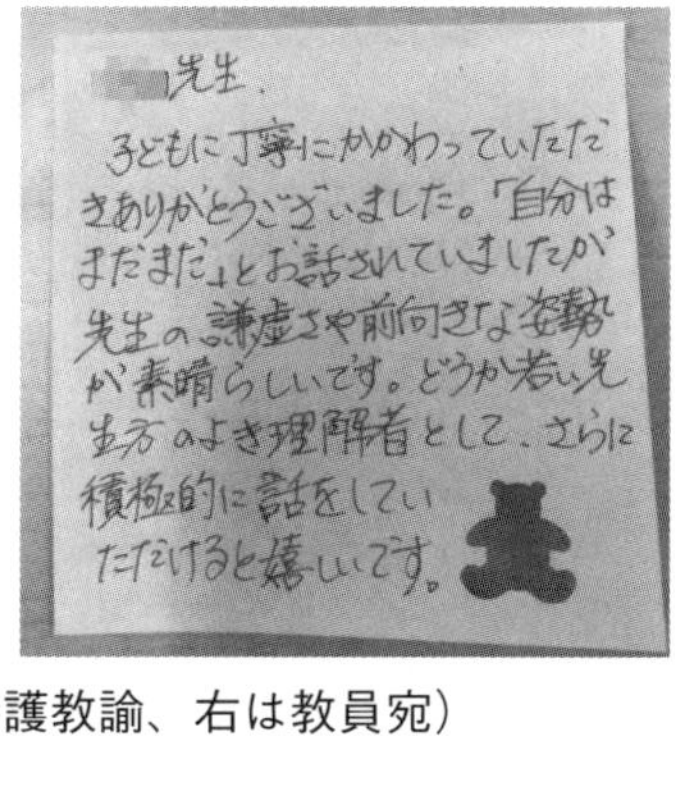

付箋を活用（左は養護教諭、右は教員宛）

きが出てくるなんて、すごいじゃないですか。前回伺った、教職員がややバラバラな状態から、かなり脱却していますね。そんな感じなら、悩みを抱えていた先生も元気に?

熊:はい! 二学期までは、度々校長室にやってきては「もうダメです。」と涙を流していたのですが、三学期はそれがなくなりました。そして、ふと気付くと、職員室で笑っているんです! その姿を見て、私も目頭が熱くなりました。

横:それは良かった! どうしてそんなことが実現したんでしょうか?

熊:実は、三学期が始まる前に、このようなプリント**「3学期の学校経営について」**(137ページ)を作成し、教頭や教務主任、担任外教員に協力を依頼しました。すぐに、**効果が見られたのはやはり付箋**でした。教職員が管理職やミドルリーダーに「見てもらえている」と安心し、「評価してくれている」「自分は認められている」と実感していることが伝わってきました。直接話す機会がもてなくても、付箋の一言が安心感を与え、自信を深めているようです。付箋は、**良い面のみを見付け、価値付ける**ようにしています。**質より量が肝心と考え**、こまめに行うことも意識しています。私だけでなく、教頭や担任外にも取り組んでもらったことで、**ミドルリーダーの「人を見る目」「授業を見る目」も育ち**、一石二鳥でした。

横:取組の成果がはっきり見えて、私もとてもうれしいです。他はいかがですか?

熊:学校経営方針の意識も大事にしました。**学校経営方針を年間を通して意識してもらうため、①短いスパンで繰り返し伝える、②大切な事項をキーワード化し、印象付ける、③図式化してイメー**

ジしやすくする、④方針を具体化した職員の実践事例を価値付けて、自信がもてるようにする、などしました。その結果、学校経営方針に対する意識がとても高くなりました。学校経営方針を示す際には、**あえて「いつもできている項目」と「できていない項目」の両方を盛り込んでいます**。できることばかり並べても高まらず、できないことばかり並べても諦めムードになってしまうからです。三学期にも、年度末までの学校経営方針を示したのですが、「できた項目」は認めつつ、「できていない項目」を再提示しました。「学校づくり　縦糸・横糸チェックリスト」の項目も必要に応じて位置付けました。教職員にとって自信や見通しがもてることも大切だし、適度なハードルの高さも必要です。学校経営のねらいとその時の実態に応じて、「学校づくり　縦糸・横糸チェックリスト」の項目を活用させてもらいました。

横：そうやって自在に活用してもらえて、とてもうれしいです。

熊：前回印象に残ったのが、横藤先生が校内研修会で、教職員にいろいろ語っていたということです。そこで、私も依頼された際に、喜んで校内研修の講師をさせてもらい、**先生たちの考えをどんどん引き出していきました**。すると、先生たちが、それまで口にしなかったような、日々感じていた課題について語り始めたのです。**「単学級、職員が少数であるが故の重責」を感じているとい**うことを異口同音に語ったのです。職員とはコミュニケーションを図り、実態を的確に把握していたつもりになっていましたが、それは思い上がりだったと気付かされました。このことから、縦糸・横糸のチェック項目だけではなく、**教職員の本音にも必要なチェック項目が隠れているこ**

とに気付かされました。

横：それこそ「学校づくり　縦糸・横糸チェックリスト」を正しく使ってもらっているということです。

熊：学校評価の話し合いの中で、長い間本校を支えてくれて、退職する教諭が**「今年が学校も子供も一番いい年だったと思います。」**と、意見を述べてくれました。自分たちの努力の積み重ねが、具体的な子供の姿として表れたことを実感していたようで、校長として何よりも嬉しい言葉でした。新年度になり、新しいメンバーを迎え、職場は大いに若返りました。先日、人事評価シートを用いた個別面談を実施しましたが、**どの教職員からも「職場の雰囲気がよく、働きやすい。」**との声が、聞かれました。「自分にできそうなことは、どんどん任せてください。」という声も多く聞かれ、参画意識の高さを実感しています。

3．熊山先生から読者へのメッセージ

学校を経営するということは、様々な大きさの歯車を回していくようなものだと思っています。力を入れてもなかなかこの歯車は回りませんが、力を入れることを諦めてしまえば回るはずも無いのです。しかし、時に押し、時に引き、**ゆっくり一つの歯車が回り始めると、様々な歯車が少しずつ動き出し、どんどん力強く回っていきます。**

学校の組織マネジメントにおいては、どのような視点で自校を捉え、課題を明確にするかが大切です。また、取り組んできた達成状況を実感するためにも、**可視化することや、データ等の数値化が必**

要です。例えば、保健室の利用者数の推移は、児童の落ち着き、心の安定と大きく関係します。教職員がその数値に触れることにより、

「もう少し児童に丁寧にしなければ。」

「ずいぶん落ち着いてきたと思ってはいたけれど、頑張ってきてよかった。」

という思いをもつことができます。

この「学校づくり　縦糸・横糸チェックリスト」は歯車を動かす視点を確実に与えてくれ、成果を可視化できるものです。チェック項目は、管理職やミドルリーダーにとって、評価がしやすく、達成状況を適切に把握することも容易にできるものだと思います。それにより、課題意識をもったり、具体的な改善方法を見いだしたりしやすくなります。また、チェックリストの各項目は互いに関連し合うものも多く、**一つの改善点が多方面に好影響を与える効果**もあると感じています。

私は、付箋を用いて「職員を認めること」から始めましたが、そのような一つの小さな取組が少しずつミドルリーダーにも広がり、様々な歯車が回り出して、学校全体の雰囲気が変わってきました。活力が出てきて、多少のピンチがあっても、どの職員も前向きに物事を進められるようになりました。

今後も、「学校づくり　縦糸・横糸チェックリスト」を活用していきたいと思います。

３学期の学校経営について

後期アクションプランの具現化

1　自己肯定感・自己有用感を高めるために

（1）　授業で子どもを育てる　⇒　授業力向上と先生方の自己肯定感を高める

【提案１】校長・教頭・担任外も１日１授業参観（基本として無理のない程度に）
　　　　　付箋にコメントを書いて渡す。よかった点に限る

我々の授業や先生を「みる」目を鍛える

☟

先生方の取組を価値付けることで自信をもたせる

☟

職員室は授業の話題が中心となる　　　　授業力を高め、職場の風通しも良くなる

（2）　問題行動へのチーム対応

【提案２】校長・教頭を中心とした対応から　チームで戦略を練る対応へ
　　　　　指導部長を中心とした組織づくり

TT や専科にめどが立つ３学期だからこそ取り組める
今後の特別委員会活用への方向性
生徒指導のノウハウ伝授

2　風通しのよい学校風土づくり

（1）　学校環境の整備

【提案３】連絡会で環境整備のターゲットを決め、みんなで少しずつ整える

短い時間（４５分）　時間で止める　基本は連絡会メンバーと用務員
用務員の○○さんにスポットを当て、もう少し動いていただく
スタッフミーティングで伝えて、協力していただける場合はその他の職員

（2）　計画的な研修会と実りある学校評価の実施

【提案４】学校評価全体会・研修会の進め方を工夫する　司会は担任外で
そのポイント
育てたい子どもの力を明確にし、いかに共通意識をもてるか
教育活動の在り方について、いかに本音で語れているか　　人の意見に流されない
いかに前向きな発想で語れるか　　先生も HOT　MOTTO　情熱をもってさらに積み上げ

学校づくりマップ（S市立中池小学校）

チェック時期：1～2019年4月、2～2019年12月、3～2020年3月

縦　糸	1	2	3
① 管理職やミドルリーダーは、教職員が学校経営方針をしっかり意識するよう働きかけている。	3	6	6
② 管理職やミドルリーダーは、授業を見て気付いた点を教職員に伝えている。	3	3	6
③ 教職員が共有すべき情報は、掲示やプリントにより示されている。	9	9	9
④ 教職員（教員以外も含む）はお互いに丁寧な言葉で話している。	3	6	6
⑤ 会議や校内研修会は、定刻に始まっている。	9	9	9
⑥ 各学年や学級で目指すべき生活や学習のルールは、明確に示されている。	6	6	6
⑦ 特別教室や印刷室、準備室などの共有の場に私物は置かれていない。	3	6	9
⑧ 校内には、有効期限が過ぎた掲示物は貼られていない。	3	6	9
⑨ 子供がルールに反した際、教職員は解決のイメージを共有して行動できる。	6	6	6
⑩ いじめや家出などがあった際は、全教職員が組織的に対応している。	3	6	6
縦糸の合計	48	63	72

横　糸	1	2	3
① 朝や退勤時の挨拶は、管理職も含め、はっきりとした声で交わされている。	3	6	6
② 職員室にはよく明るい笑い声が響く。	6	6	9
③ 管理職やミドルリーダーは、本を教職員との話題にしている。	6	9	9
④ 教職員は、経験年数や在校年数に関係なく意見を述べ合っている。	3	6	9
⑤ 教職員は、生徒指導や学級経営について情報交換している。	3	6	6
⑥ 教職員は、日常的に授業を見合っている。	9	9	9
⑦ 作成したプリントや通信類は、他の教員にオープンにしている。	9	9	9
⑧ 複数で授業をする際は、打合せと振り返りがスムーズにされている。	0	0	6
⑨ 行事の準備や環境整備等の作業時は、全員が協力している。	9	9	9
⑩ 管理職も児童生徒の全体指導や授業にあたっている。	9	9	9
横糸の合計	57	69	81

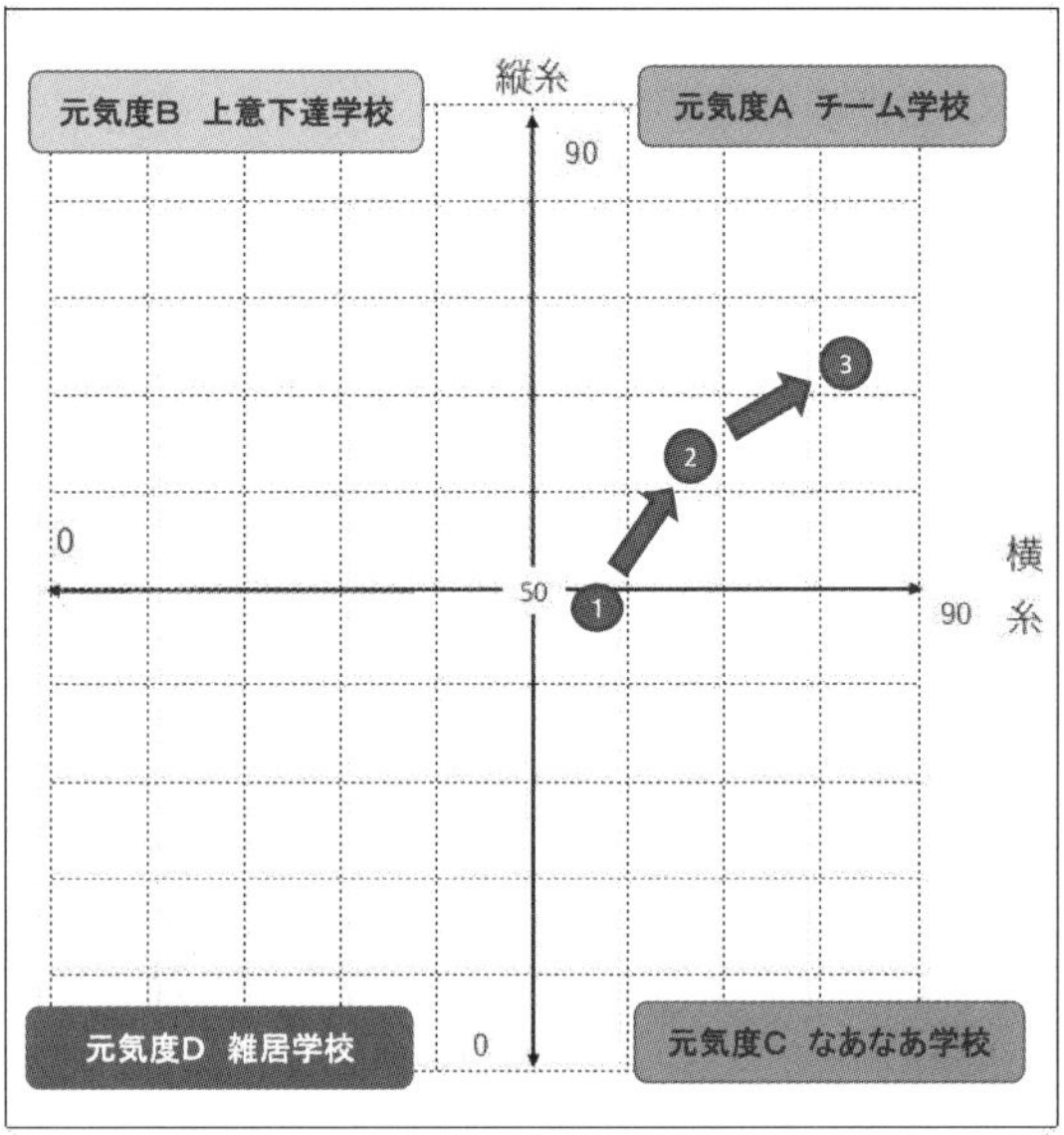

（2）中学校校長・西泉先生

1．プロフィール

西泉先生とは、お互い二十代の頃に、野外活動の指導教員として同じチームで仕事をした仲です。当時、市の中でも、生徒指導困難校として有名だった都東中学校の生徒指導担当として奮闘していましたが、校長として再び都東中学校に赴任し、三年目を迎えていました。

都東中学校は、生徒数約四百五十名、十五学級（通常学級十三、特別支援二）。教職員数は、教員二十六名、教員以外の職員六名の中規模校です。開校七十周年を迎える伝統校で、夏祭りやお正月お楽しみ会、冬の運動会等の町内会行事にも中学校が運営の手伝いに参加するなど地域に根付いた学校です。S市中心部からさほど遠くなく、古くからの商店や飲食店、町工場や倉庫等が多い地区ですが、近年は地下鉄駅周辺の再開発に伴い高層マンションが増えています。家庭環境も新旧両面の特徴を併せ持ち、学校教育に期待するものも複雑化してきています。西泉先生が若かった頃と同じく、生徒指導の案件も相変わらず多いとのことでした。

2．セッションの記録（※西は西泉先生、横は横藤）

（1）一回目（着任から二年九か月目の十二月）

横：いやあ、久しぶりです。

西：本当に。さて、最初に確認したいのですが、私は、**この年度末で定年退職**なのです。それでも、いいのですか？

横：はい。全く問題ありません。**学校が変わるには二か月もあれば十分**と考えていますので。さっそくですが、やはり生徒指導事案は多いのですか？

西：はい。本校校長としての最初の仕事も、警察案件からでした。かつて自分が本校に勤めていたため、学校の実情も分かっていたはずなのですが、校長になってみると、その捉え方が変わってしまっていることに気付きました。着任当時は、担任や生徒指導担当の対応の仕方などを見ていて、「もっとしっかりやってほしい。」と思ってしまっていました。自分自身に余裕がなく、学校の様子がきちんと見えていなかったために、思い通りにいかない原因を教職員に見いだそうとしていたのだと思います。少し経って、そのことに気付き、**まずしたのが校長室の応接セットの撤去**です。小さなことでも**サッと打合せができるように、テーブルにしました**。

横：今「学校づくり　縦糸・横糸チェックリスト」検証への協力をお願いしている学校の多くが、同じように校長室を打合せスペースとして改善していますよ。やはり効果はありましたか？

西：そうですね。先生たちは、すぐに便利な場所として使ってくれるようになりました。そして、私もこのスペースや廊下などで、教員以外の職員をはじめ、一人一人の話をしっかり聴くことと同時に、**改善すべきことを伝え続ける**ことを心がけました。そんな取組三年目でようやく生徒に関する情報や職員の様子が見えてくるようになったと感じています。相変わらず生徒指導事案は減りませんが。

横：元小学校教師だった私から見ると、中学校はかつて全国的に荒れた時期があったために、生徒指導は組織的に行って「縦糸」はしっかりしているように思います。しかし、**教科の壁**があり、先生たち同士の「横糸」は弱いように思うのですが、そのあたりはいかがですか？

西：そうかもしれません。具体的には、どんなことが縦糸、横糸なのですか？（ここで「学校づくり縦糸・横糸チェックリスト」について説明し、記入してもらいました。）

西：なるほど。言われるとおり、横糸の点数が伸びませんね。小学校の場合は、この横糸はもっと高く点数が出るのですか？

横：いえ。そうとは限りません。それに、直感的な自己評価ですから、記入する人の性格が強く反映されます。西泉先生の横糸の評価が低いのは、一つは先生が御自身に対してやや厳しめに評価される傾向にあることと、先ほど話されていた取組が効果を見せ始めているので、「今に比べて前は……」という考えが出ているためだと思います。でも、私はそれでいい、いえむしろそれがいいと考えています。ところで、**貴校が最初から突出しているのが「縦糸6　各学年や学級で目指すべき生活や学習のルールは、明確に示されている。」ですね。**

西：これは中学校では当たり前なのではないかと。特に本校のように警察案件が多い学校では、ここが弱いと学校が保てません。

横：なるほど。しかし、「**縦糸10　いじめや家出などがあった際は、全教職員が組織的に対応している。**」は、着任時は弱かったんですね？

西：はい。そこはけっこう私がリードして手を入れました。そして、その動きが明確になってきたことと連動して、「**横糸4　教職員は、経験年数や在校年数に関係なく意見を述べている。**」「**横糸5　教職員は、生徒指導や学級経営について情報交換している。**」も自然に伸びてきたのだと思います。

横：そうですね。縦糸と横糸は連動するんです。でも、「**縦糸1　管理職やミドルリーダーは、教職員が学校経営方針をしっかり意識するよう働きかけている。**」は落ちてしまいましたね？

西：二年目から新任の教頭になったのです。この教頭とは、以前同じ職場の同僚だったこともあり、私も細かなところまで言わなくても分かるだろうと思ってしまい、自分の思いや考えをしっかりと伝えられていませんでした。そのため、ここが落ちてしまいました。

横：ああ、教頭先生やミドルリーダーが替わると、そういうこともありますね。さて、今チェックしてみて、「**年度末まで、これに挑戦したい。**」と思った項目はありますか？

西：まず「**縦糸1　管理職やミドルリーダーは、教職員が学校経営方針をしっかり意識するよう働きかけている。**」です。これについては、教頭とじっくりと話し合ってみます。ミドルリーダーとも。それと「**縦糸2　会議や校内研修会は、定刻に始まっている。**」は、すぐに手を打てそうなので、それも。あと、「**横糸5　教職員は、生徒指導や学級経営について情報交換している。**」は、少し変わり始めているところなので、より進めたいと思います。

（2）二回目（五月上旬）

横：御満職、おめでとうございました。そして、お疲れ様でした。退職間際まで、新型コロナウイルスへの対応もあり、落ち着かなかったのではないでしょうか？

西：そうですね。でも、市教委の指示が刻々と変わる中でも、私や教頭から教務主任に、学校として第一に生徒のことを考え、生徒と教職員を守ろうという方針を伝えたところ、動きが素早く的確なものとなり、**他校から「どうします？」と問い合わせがあった際には「本校は、すでにこうやりました。」と答えることができました。**

横：理想的な対応ですね。では、さっそく三回目のチェックをお願いします。

西：（チェックして）あ、伸びていますね。「チーム学校」のゾーンに入り、とてもうれしいです。

横：前回のセッションで落ちてしまっていた「**縦糸1　管理職やミドルリーダーは、教職員が学校経営方針をしっかり意識するよう働きかけている。**」が復活しました。何があったのですか？

西：あの後、教頭と話し合いました。教頭は、自分の思いや願いをたくさん話してくれて、とても深い話し合いをすることができました。横藤先生とのセッションがなければ、きっとそういうこともなく、あきらめてしまっていたと思います。できれば、もっと早く、もっと真剣に教頭の思いを受け止めてあげたかったなあと思いました。でも、最後にでもそれが実現できたことは私にとって大きな救いです。

横：ああ、それは私もとてもうれしいです。

西：すぐに効果が出たのが**「縦糸2　会議や校内研修会は、定刻に始まっている。」**です。それまで、会議のスタートに全員が揃わないのは仕方ないことだと、遅れる方も待つ方も私もあきらめていたところがありました。しかし、**教頭や教務主任と打ち合わせて、定刻に開始するようにしたところ、他の教職員からも「予定通り始めましょう。」という言葉が、自然に出てくるようになりました。**それまでは普通の顔で遅れてきていた職員が「遅れてすみません。」と言うようにもなりました。こんな小さなことでも、縦糸が通り始めると、**「縦糸9　子供がルールに反した際、教職員は解決のイメージを共有して行動できる。」**も自然にできるようになってきました。教職員個々のセンスの問題なので、無理なのでは、と思っていたのですが、違いました。

横：**「横糸2　職員室にはよく明るい笑い声が響く。」**も伸びました。

西：打合せだけではなく、空き時間のちょっとした時間、いろいろな場所（コーヒーコーナーや印刷室他）で、**他学年の教師も交えながら**生徒の名前を挙げて、クスッと笑えるその子らしい言動や意外な一面を感じさせる**エピソードを交流している光景が多くなりました。**雰囲気が、とても和やかで温かなものになりました。

横：それも、教頭先生の気持ちの変化が大きいですか？

西：はい。大きいです。でも、教頭だけでなく、学校全体が明るく生き生きとしてきた感じです。特にうれしかったのが、学年主任が他の教職員とたくさん情報交換をしながら、不登校の子への対応に積極的に動いてくれたことです。前回のセッションで、学校に縦糸と横糸が通ると、教職員が安心して明るくなっていくと聞いていましたが、本当でした。そして、**教職員が明るくなることで、大変な業務も、他とうまくつながりながら効率よくできるようになっていく**様子が、伝わってきました。ＰＴＡ役員からも、「先生たちが明るくなりましたね。」と言っていただきました。

横：う〜ん、いい雰囲気ですね。西泉先生のラスト・イヤーを、職員室の明るさが彩っている感じで、私もワクワクしてきました。

西：そればかりでなく、教職員の私に対する接し方も変わってきました。例えば、送別集会、学年集会や職員懇親会などのレクリエーションの際に、**校長ネタ**を取り入れる相談を本人（私）がいるところで平気で進めるようになりました。

横：校長ネタ？

西：私がいじられ役になることが多くなったのです。私をからかうようなクイズなどを考え、盛り上がっているのです。すると、それを聞いていた他学年の職員も無邪気に反応し、仲間に加わるようにもなりました。集会の当日は、生徒もそんな様子を笑顔で見ていました。そんなことも、学校全体が明るくなった感じの一つの表れかな、と思います。

横：それは、西泉先生のお人柄が表れたということですよ。教職員は、西泉先生を信頼し、安心していじっているのですね。**職員室が和やかになるのは、横糸がしっかりと張られたとき、つまりフ**

ラットな人間関係が実現したときですから。

西：私が都東中を去る日のことです。夕方、校内放送が流れました。「体育館を消毒します。集まってください。」私が「へえ。体育館を……。」と思っていましたら、教頭が「校長先生、職員室、誰もいなくなりますから留守番をお願いします。」と言いますので一人職員室にいました。やがて内線電話が鳴り、「校長先生、体育館に来てください。」何があったのかと体育館に行くと、なんと用務員さんまで含めた教職員が一人残らず待ち構えていて、歌を歌ってお祝いしてくれたのです。涙が出ました。

横：ああ、それは私も涙が出そうです。

3. 西泉校長から読者へのメッセージ

着任当初は、縦糸・横糸の考え方などなく、手探りでやっていました。学校経営は、どうしていいか分からない中でも決断しなければならないことの連続です。しかし、自分と自分の置かれた場を冷静に見ることは大変難しいことだと思います。自分が考えていること、下そうとしている決断、下した決断ははたして正しいものなのか、そう思うと弱気になることもありました。

しかし、管理職が縦糸と横糸を意識して働きかけることで、教職員は確実に変化し、学校経営に大きな成果が表れました。横藤先生から、この度のお話をいただいたとき、私は退職間際でしたから、思わず「もう遅いのでは？」と思ってしまいましたが、そんなことは全くありませんでした。

取り組んでみて、**縦糸がしっかりしていないと、横糸のよさも発揮できない**ことを強く感じました。同時に、横糸がないと縦糸を強く張ることはできないということも、改めて感じました。「チェックリスト」によって、それまで現状分析が曖昧なまま、直感で試行錯誤していたことの意味が、一つ一つ整理できました。

そんな取組の中で、本校の教職員が、学校づくりの仲間になってくれました。本当に充実した三か月でした。

一人ではくじけそうになることもありますが、**仲間がいると強くなれます。**私の場合は、まず、教頭をはじめとする本校の教職員、そして横藤先生が開発した「学校づくり　縦糸・横糸チェックリスト」も、くじけずに退職までの三か月でも強く前に足を進める力となりました。

朋を知る書、師となる一冊との出会いが、新たな一歩を踏み出す力となります。本書が、その一冊になることを、心から願っています。

学校づくりマップ（S市立都東中学校）

チェック時期：1～2017年4月、2～2019年12月、3～2020年3月

縦　糸	1	2	3
① 管理職やミドルリーダーは、教職員が学校経営方針をしっかり意識するよう働きかけている。	6	3	6
② 管理職やミドルリーダーは、授業を見て気付いた点を教職員に伝えている。	3	6	6
③ 教職員が共有すべき情報は、掲示やプリントにより示されている。	3	6	6
④ 教職員（教員以外も含む）はお互いに丁寧な言葉で話している。	6	6	6
⑤ 会議や校内研修会は、定刻に始まっている。	3	6	9
⑥ 各学年や学級で目指すべき生活や学習のルールは、明確に示されている。	9	9	9
⑦ 特別教室や印刷室、準備室などの共有の場に私物は置かれていない。	3	6	6
⑧ 校内には、有効期限が過ぎた掲示物は貼られていない。	3	3	3
⑨ 子供がルールに反した際、教職員は解決のイメージを共有して行動できる。	3	3	6
⑩ いじめや家出などがあった際は、全教職員が組織的に対応している。	6	9	9
縦糸の合計	45	57	66

横　糸	1	2	3
① 朝や退勤時の挨拶は、管理職も含め、はっきりとした声で交わされている。	3	6	6
② 職員室にはよく明るい笑い声が響く。	3	6	9
③ 管理職やミドルリーダーは、本を教職員との話題にしている。	6	6	9
④ 教職員は、経験年数や在校年数に関係なく意見を述べ合っている。	3	6	6
⑤ 教職員は、生徒指導や学級経営について情報交換している。	0	6	9
⑥ 教職員は、日常的に授業を見合っている。	0	0	0
⑦ 作成したプリントや通信類は、他の教員にオープンにしている。	3	3	3
⑧ 複数で授業をする際は、打合せと振り返りがスムーズにされている。	3	3	3
⑨ 行事の準備や環境整備等の作業時は、全員が協力している。	6	3	9
⑩ 管理職も児童生徒の全体指導や授業にあたっている。	6	6	6
横糸の合計	33	45	60

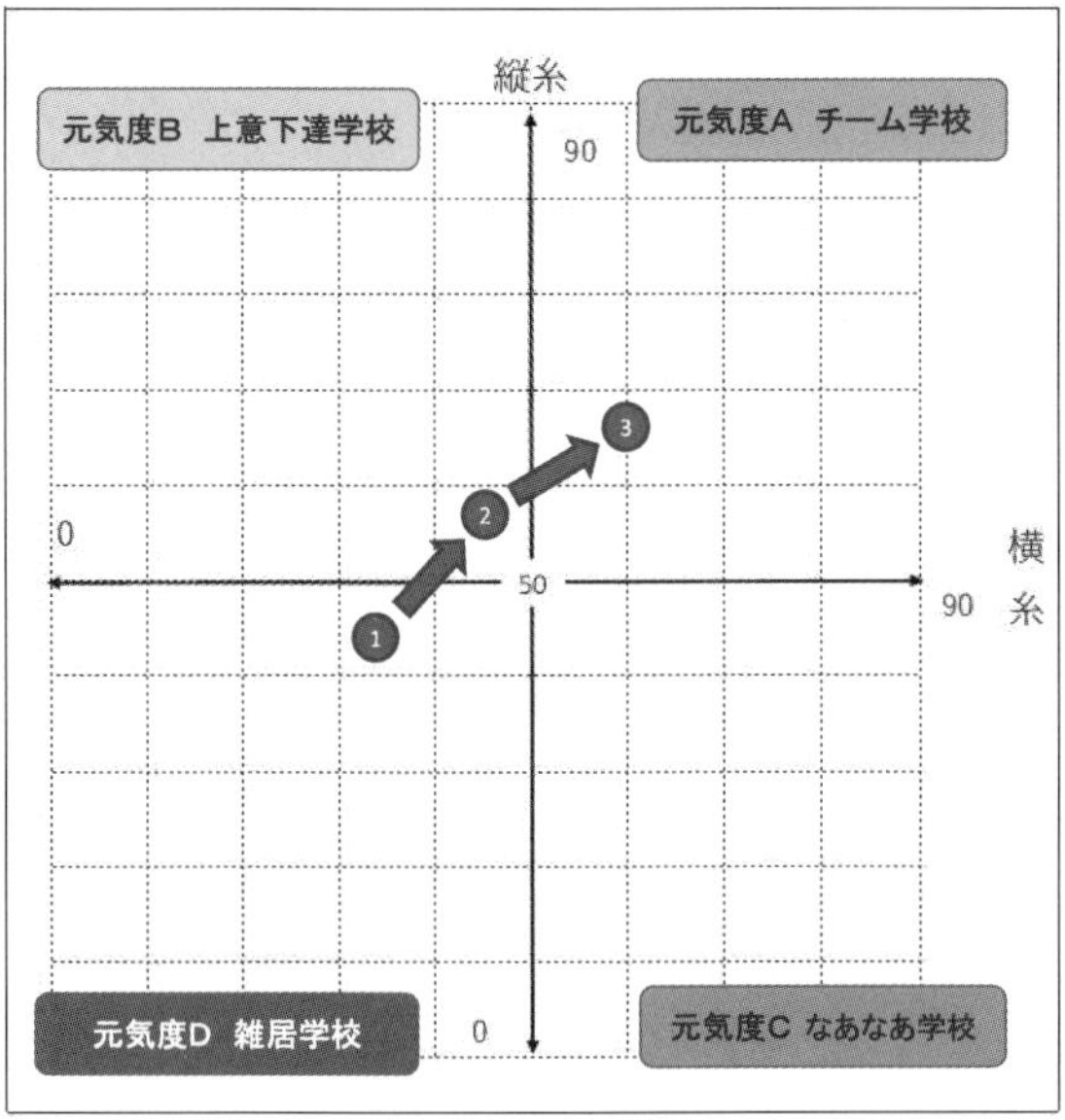

（3）小学校教頭・岩坂先生

1．プロフィール

岩坂先生は、五十代前半。かつて私が校長を務めた学校で勤務した仲間です。北海道の自然豊かな山間に建つ、児童数五十名弱、六学級（通常学級五、特別支援一、二・三年複式一）の小規模校である日長小学校で教頭三年目を迎えていました。教職員数は、教員が十一名、教員以外の職員が四名です。小さな学校ですが、コミュニティスクールになっていたり、沖縄県の小学校と毎年訪問し合う交流事業に取り組んだり、校区にある国立青少年自然の家との教育支援・相互協力を行うなど、様々な活動に積極的に取り組んでいます。

岩坂先生は、教頭になったときから、その時々に、私に自分の取組を伝えてくれていました。

2．セッションの記録（※岩は岩坂先生、横は横藤）

（1）一回目（着任から二年九か月目の十二月）

横：日長小に寄せてもらったのは、一昨年のことでしたね。岩坂先生は、着任と同時にどんどん改革に着手していましたが、その後はどうですか？

岩：私は日長小を先生方が自立して取り組める**「チーム学校」にしたいと願って**取り組んできました。

まだまだですが、手応えを感じたところもあります。

横：では、さっそく「学校づくり　縦糸・横糸チェックリスト」への記入をお願いします。（記入してもらいました。）

岩：着任当時は特に縦糸の項目がかなり厳しい状況だったようですね。

横：私が**着任したときには、保護者も職員も町教委もマンパワーに頼ってしまっていました**。個々の担当する業務以外（隙間の業務）は、全て教頭の役割となり、他者の業務には、直接頼まれれば快く協力するものの、基本無関心という状態でした。学習規律も教員によりバラバラで、それぞれの考えとやり方で指導が行われていました。また、特に教材室や理科準備室は雑然とし、使用しない物があふれかえっている状態でした。なんと十年以上前の掲示物も平然と貼られている状態でした。それと、これはチェックリストにはないのですが、中には現行の学習指導要領を理解していない先生もおり、自分たちが子供時代の学習内容や指導方法を平然と行う先生がいたことにも驚きました。熱心ではあるのですが、学校の空気として、改善よりも継続する傾向が強かったため、そのままいってしまうのではないかという恐怖を感じました。

岩：横糸の方は、それほど低くはなかったようですが。

横：そうですね。挨拶ができない（しているようだが、はっきりしていないので気付かれない）教員もいましたが、教員同士の仲は険悪ではありませんでした。ただ、まあまあ仲良くはしているのですが、必要な情報をきちんと交換しているかというと、そうでもない状態でした。

横：そこから現在まで、縦糸・横糸をしっかり張ることを意識して取り組んで来られたのですね。

岩：はい。特に伸びたのは「**縦糸6　各学年や学級で目指すべき生活や学習のルールは、明確に示されている。**」「**縦糸7　特別教室や印刷室、準備室などの共有の場に私物は置かれていない。**」「**縦糸10　いじめや家出などがあった際は、全教職員が組織的に対応している。**」の四つです。これらは、教頭として発言しやすいところでしたので、「**これ、問題ですよね。**」**というところから掘りおこし**、「**こんなことしてみませんか？**」**と、投げかけると**、それを実現しようと頑張ってくれる先生が出てきました。二年目には、学習規律が授業改善とセットで話し合われるようになりましたし、学校の中もかなりきれいになりました。最初のうちは、私が古い掲示物を外していたのですが、やがて若い先生が「外しておきました！」と、外した掲示物を持ってきてくれるようになりました。

横：なるほど。それで、着任時に0点だった項目も得点できるようになったんですね。

岩：あと、点数の伸びはさほどでもありませんが「**縦糸1　管理職やミドルリーダーは、教職員が学校経営方針をしっかり意識するよう働きかけている。**」は、成果が見え始めています。職員会議はもちろん、**日常のちょっとした会話の中でも**「**学校経営方針（計画）を開いてみて。**」**などと、声かけすることを意識**しました。それまでは、小規模校ということで、効率を重視して一人一係でやっていたのですが、その弊害が出ており、誰とも話し合わずに個人で提案し、またそれに誰も意見を言わない。そのため、前例踏襲や分掌内での不統一などが目立っていました。そこで、教務主任と私で「それは、学校経営方針の実現に、どう結びつくのですか？」と問いかけるようにしたのです。「縦糸5　会議や校内研修会は、定刻に始まっている。」も、私の方から司会に「始めてください。」と声をかけました。最初のうちは「いいんですか？」という声が出ていましたが、次第に定着していきました。ある時、私が別の用事で席を離れていた際、会議が始まってしまいビックリしました。そういうのが「いいね」と話したことがあります。

横：改革に次々に取り組んだのですね。

岩：以前横藤先生と共に働いた学校で改革の様子をこの目で見ており、イメージがもてていましたから。横糸では、学級通信を保管する場を設けて、お互いに見えるようにしました。また、全員が公開授業をして、見合ったことも大きかったですね。校内研修としての授業公開とは別に、学習指導要領の理解をねらって、道徳推進教師主導で全員が道徳の授業公開を行いました。経験に関係なく、感想を述べ合い研修する関係ができ、横のつながりも強くなりました。ただ、学校として準備した学習プリントを使わずに、ネットで見つけたものを印刷する先生がいたため、得点は下がっています。

横：改革は、そういうふうに一進一退しながら進んでいくんですよね。その中で、先生たちはいろんな気付きを得て成長していくのですね。さて、年度末までに挑戦したいのはどれですか？

岩：現時点で得点が三のところですね。「縦糸9　子供がルールに反した際、教職員は解決のイメージを共有して行動できる。」「横糸7　作成したプリントや通信類は、他の教員にオープンにして

いる。」「横糸8　複数で授業をする際は、打合せと振り返りがスムーズにされている。」の三項目です。

（2）二回目（四月下旬）

横：新型コロナウイルス感染症への対応もあり、岩坂先生御自身の異動もあり、大変な年度末・始めだったことと思います。

岩：二月末に急遽臨時休校が決まりました。その際、報道の翌日には、教務主任と数名の職員（三年目、四年目の若手教員）が、自分の分掌業務とは関係なく、学校として対応すべき事項の一覧を持参し、校長先生や私に相談してきたのです。**管理職からの指示がなくても、自主的に先を見て動いてくれた**ことが、とてもうれしかったです。

横：う～ん、いい感じですね。では、年度末の状況をチェックしてみてください。

岩：いくつか得点が下がってしまった項目があります。理由は、新型コロナウイルス感染症への対応と沖縄からの来町交流です。この二つへの対応のため、私が職員室から動けなくなった日が多くなってしまいました。先生たちには授業を見合うという意識が高まっていたのですが、本校は単級なため、教頭が動けないと、担任は教室を空けることができないという実情があります。

横：沖縄からの来町はできたのですか？

岩：ぎりぎりで。そのための業務に追われてしまいましたが、そんな中だからこそ、教職員は自立的に取り組んでくれました。**行事黒板を「緊急情報黒板」に変更した**ことも効果がありました。

横：この『**職員室のひとりごと**』（156、157ページ）に掲載されていますね。明快な取組だと思います。

岩：これにより、新型コロナウイルスへの対応も、かなり効率的で徹底された取組になりました。また、**落ち着かない状況だからこそ、学習規律への意識をしっかりもとう**ということが、教職員の中から出てきて、毎月のチェックもできました。それにより、子供たちもずいぶんと落ち着いてきました。でも、実は最も大きな変化があったのは、**「横糸２　職員室にはよく明るい笑い声が響く。」**だと感じています。**職員室内で日常的に明るい笑い声が響くようになっていました。**まあ、年度末になって新年度計画を立案する際に学校改革を進めたい若手教員からの「児童会選挙を無くする」という提案に、ベテラン教員の一部が反対し、雰囲気が悪くなったりもしましたが。これは、私が様々なことを変えてきたことに対するそのベテラン教員の内心の反発もあったのかもしれないし、私が動けない日が多かったからと反省しています。そのため、点数は据え置きのままですが、異動して、少し離れたところから日長小を見て、**やはり横糸が張られて先生たちが明るく強くなったこと、新たな提案が自然に出されるようになったことは、成果かな**、と思っています。これが一番うれしく心に残っていることですね。

3．岩坂教頭からのメッセージ

私は、教諭時代に横藤校長の改革を間近で見てきました。そこで、自分が教頭になってからは、当時学んだ具体的な改革の発想や方法を自分なりに実践してきました。もちろんまだまだ厳しいと感じたところもありますが、学校が変わっていくのは大きな喜びでした。漠然とした取組ではなく、具体的なねらいをもって取り組んだことにより、教職員の学校運営の俯瞰意識が向上し、業務を整理することができ、評価・改善に結びつけることができました。これらは目的を共有し、具体化して実践しようとする先生方がいたからこそ前向きに進められたものです。そういう「仲間」に常に感謝の気持ちをもち続けられたことが大きいと実感します。

今回は、まとまった形で「学校づくり　縦糸・横糸チェックリスト」を示していただき、自分の取組を振り返ったり、次の作戦を立てたりすることができて、また新たな学びの機会をいただくことができました。

日長小のあった管内の管理職の中には、「教頭は便利屋だ」と公言する人もいて、さびしく感じていました。しかし、今回あらためて**教頭の仕事とその喜びは、子供たちのために「チーム学校」をつくること**だとの思いを強くしました。

異動した新しい学校にも課題はたくさんあります。しかし、教職員それぞれが頑張っている感じがしていますので、日長小で取り組んだ経験を生かし、縦糸・横糸がしっかり張られた生き生きとした「チーム」としての学校づくりに少しずつ取り組んでいこうと思います。頑張っていきます。

他の先生方に迷惑をかけないように先に終わらせておくようにしていますよね。だって、みんな本当に忙しい中で様々な業務に取り組んでいるのですから。年度末反省でも言いましたが、自分のことだけに目が行って、他の人がかなりフォローをしてくれているということに気付かないことも実際にはあるんです。それに気付かずにそれを当たり前に思ってしまっていると、職場はだんだん苦しくなっていきます。だって、仕事ができる人、全体を俯瞰して業務を進められる人ほど疲弊し、自分のことばかり考える人は全く変わろうとしないのですから……。結果、疲弊した人が業務を進められなくなるので、学校として業務が進まず、停滞するのです。きっとフォローをしてもらっていた人はそのことにさえ気付かずにいるかもしれません。

ただ、最近感じるのは、**「担当者」＝「仕事をする人」**という印象を持っている人が多いなということです。私がこれまで「組織」について学んだ中央研修での企業コンサルタントの方々や大学の先生方や学校力向上事業にかかわる中で学んだのは、**「担当者」＝「マネジメントする人」**です。前者の発想だと、自分の仕事も一生懸命するし、他の人の仕事もやってあげる人が「いい人」という発想（価値観）になります。後者では、「見通しをもって、いつどのメンバーで一つ一つの業務を完遂していくかを考え、関係する人たちの協力を仰ぐ」ということになります。つまり、みんなで何のためにどのように業務を進められるか、必要なところは誰にやってもらい、それをみんなで充実させていく。そして適切に評価し合い、よりよい形に変えていくという仕事の仕方です。前者の考え方でいる方の中には、もしかすると、マネジメントできている人に対して「担当なのに本人は何もしない」と思ってしまう人もいるかもしれませんね。

２．情報共有について

さて「行事黒板」が「情報黒板」に変わりました。まだピンとこない方もいるかもしれません。先日ちょうどよい例がありました。RさんとDさんの登校時のトラブルです。原因をつかみ事象として解決することは大切です。これまでは担任や関係した先生方で指導にあたっていたと思います。しかし、この情報共有ができることで、その日一日関係した子供たちの様子を全職員で見つめることができるのです。昼近くなって、やっぱり朝のことが納得いかないと暴れ出すこともあるかもしれません（そういう学校にいたので……）。その際、何も知らない人は暴れたことを指導しなければと思ってしまいます。しかし、朝のことがつながっているとわかっていると、じっくり話を聞いてあげる場面をつくれるかもしれません（暴れたことを肯定するわけではありませんよ）。また今回は、その場にいたにもかかわらず体育座りをして傍観者を装った子（Kさん）もいたそうです。その子には指導は必要ないのでしょうか。「まごころ」の学校ですよ。私が担任なら言い合いになった子よりもその子への指導を重視します。

またインフルエンザ関連の情報もあります。わざわざ振内まで再検査に行ってくれた家庭もありました。保護者も一生懸命になってくれています。そういう思いも理解していく必要はないでしょうか。こちらばかりが「やってもらう」感覚ではいけませんよね。

遅刻・早退もありました。遅刻者は、9:10頃母親が通院後学校に連れてきて、登校したことを職員室に知らせてくれました。本人は教室に行ってしまっていましたが、児童玄関が開けっ放しの学校なのでこれはどうしようもありません。また早退の連絡も入りました。3校時終了後迎えに来るということなので、父親が職員室に来るというところまで記載していました。これにより、連絡を受けた本人がいなくても、かつ担任が授業に集中しながらも、職員室で対応することができるようになるのです。いかがですか？

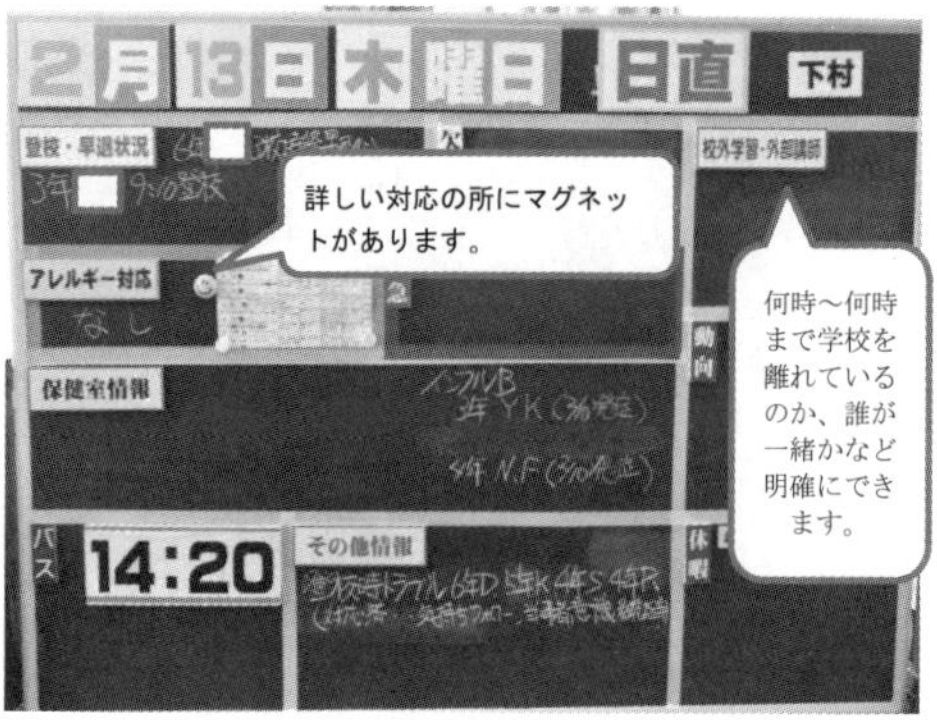

今は、欠席等の連絡を受けたら、メモを担任の机上に載せ、出席簿に記載し、出欠黒板に記録するようになっています。必ずしも担任が行わなくてもよいようにはなりました。しかしここでも、学級担任はそれがきちんと記載されているかどうかを毎日確認していなければなりません。これも「ザルを重ねる」チェック機能ということになります。担当の先生が「出席簿を印刷します」と事前に連絡していても、何も確認していなかったという例も今年度ありました。紙の無駄遣いですし、担当者を無視していることにもなります。仲間ですから、そういう気遣いもしていきたいものです。

2月18日（火）　教頭
職員室のひとりごと2

「うっかり」をなくすために？

みんなで進める仕事、職場のチーム力で「学校の信頼」を獲得！

先日、会議のために6時間目がカットになり、行事予定にも5時間授業と明記されていたのにもかかわらず2つの学年で6時間授業の設定のまま時間割が配布されるということが起こりました。配布前にもらっていながらチェックしてあげられなかったことをお詫びいたします。教頭としての働きをしていなかったと深く反省しています。

1．ザルを重ねてミスを減らす！～ここでいう「ミスの問題」は外部に対してです～

さて、このことをもとに少し業務の進め方や業務への意識について考えてみたいと思います。人間のすることですから、「うっかりミス」は必ずあります。ですから、今回の時間割作成のミスそのものについては全く責める気はありません。しかし、外部に対しては、「ミスが出てもよい」ということにはなりませんので、これからそうならないためにどうするかをみんなで考えなければなりません。「自分はちゃんとやっているから関係ない！」という人もたまにいます。それでは何も解決しませんし、「学校としての信頼」をなくしてしまうだけです。自分以外（行動や仕事）に無関心になっているのですから。職場の仲間、同僚としては寂しいですよね。今回の問題の中では、実はこの「ミス」をなくするタイミングがいくつかあったのです。またそれをねらったシステムになってきていたはずだったのです。

それは次のような流れです。

３段階でチェックできるタイミングがあります！

① 設定が複雑で優先される「複式学級の時間割」が関係学年に配布される。　【複式担任】
② それを受けて、それぞれの学年が合同授業などを考慮して時間割を設定する。【関係学年相互】
③ 教務主任、教頭にそれぞれ提出することで配布前にチェックできる。　【管理担当】

最終的には校長先生の責任で出すことになるので掲示等で確認しています。

この3つのチェック段階をうまく機能させていたでしょうか？

まずは**①から②の中で、関係学年が受け取った時に、それでよいのかをチェックし合う（相互チェック）**ことができるのです。この時に、他人事意識であったり、出してきた複式学級担任のせいにしていたりすると、そのまま受け取ってそれに合わせるだけの「**作業**」になってしまいます。つまり、相手のせいにして、自分は考えないということです。さあ、学級での子供たちの姿と照らし合わせてみてください。「トラブルが起こって、その目の前にいたにもかかわらず、自分は関係ないと傍観者を装う子」いますよね。「見て見ぬ振りもいじめだよ」という標語もあるように、大切なのは「**当事者意識**」です。最も可愛そうな思いをするのは「子供たち」です。その子供たちを守るのが最も重要な私たちの仕事ですよね。教師第一ではないはずです。

さらに③の場面でも同様です。さらに複数の人間が見ることができるのですから、どこかでヒットするはずです。今回はこの部分で私自身が機能していなかったことを深く反省しています。ただ、これまでのことを見つめ直してみると、当日の朝に知らぬ間に提出されていたり、直接手渡されたとしても作成者がすぐに退勤してしまったりしては、もし問題を発見しても対応はできません。このチェック機能のシステムがしっかりと「ザルを重ねる」ことになるように連携の工夫をすることが大切なのだと思います。 あと次のような問題も考えられます。

① 情報共有の仕方
② 周りの先生方の仕事の仕方への関心

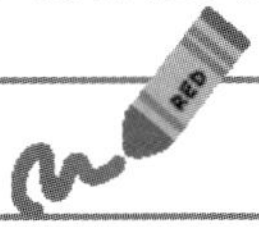

校務分掌を超えた**横のつながり**の話は以前させていただきました。職員室の雰囲気もよいし、結構みんなで話しているように見えます。それでも、実は肝心なところで情報が抜けていることがあるのです。そのために「行事黒板」を「情報黒板」に変えてしまいました。生徒指導情報、危機管理等に関するものを全職員が共有し、全員で対応していくことが重要です。「自分は担任ではないからかかわらないでおこう」「担任の先生よりも先に出ていっては気を悪くするかもしれないから遠慮した方がよいだろう」などと考えて、指導のタイミングを逸してしまうと、子供の問題行動を認める「かくれたカリキュラム」にもなりますね。全職員がその子の将来を見据えて指導していくことこそが大切ですよね。

また、回りの先生方の仕事の仕方に関心をもっているでしょうか。かなり見通しをもって、早めに取り組み、変化があっても対応できるようにしようとする人もいます。休暇を取らなければならない先生は、休んで

学校づくりマップ（H町立日長小学校）

チェック時期：1～2017年4月、2～2019年12月、3～2020年3月

縦　糸	1	2	3
① 管理職やミドルリーダーは、教職員が学校経営方針をしっかり意識するよう働きかけている。	3	6	6
② 管理職やミドルリーダーは、授業を見て気付いた点を教職員に伝えている。	3	9	6
③ 教職員が共有すべき情報は、掲示やプリントにより示されている。	3	6	9
④ 教職員（教員以外も含む）はお互いに丁寧な言葉で話している。	6	6	9
⑤ 会議や校内研修会は、定刻に始まっている。	3	9	9
⑥ 各学年や学級で目指すべき生活や学習のルールは、明確に示されている。	0	9	9
⑦ 特別教室や印刷室、準備室などの共有の場に私物は置かれていない。	0	6	9
⑧ 校内には、有効期限が過ぎた掲示物は貼られていない。	0	9	9
⑨ 子供がルールに反した際、教職員は解決のイメージを共有して行動できる。	3	3	6
⑩ いじめや家出などがあった際は、全教職員が組織的に対応している。	0	6	9
縦糸の合計	21	69	81

横　糸	1	2	3
① 朝や退勤時の挨拶は、管理職も含め、はっきりとした声で交わされている。	6	6	6
② 職員室にはよく明るい笑い声が響く。	6	6	6
③ 管理職やミドルリーダーは、本を教職員との話題にしている。	3	6	9
④ 教職員は、経験年数や在校年数に関係なく意見を述べている。	6	9	9
⑤ 教職員は、生徒指導や学級経営について情報交換している。	3	6	6
⑥ 教職員は、日常的に授業を見合っている。	6	9	6
⑦ 作成したプリントや通信類は、他の教員にオープンにしている。	6	3	6
⑧ 複数で授業をする際は、打合せと振り返りがスムーズにされている。	3	3	3
⑨ 行事の準備や環境整備等の作業時は、全員が協力している。	3	9	9
⑩ 管理職も児童生徒の全体指導や授業にあたっている。	3	9	9
横糸の合計	45	66	69

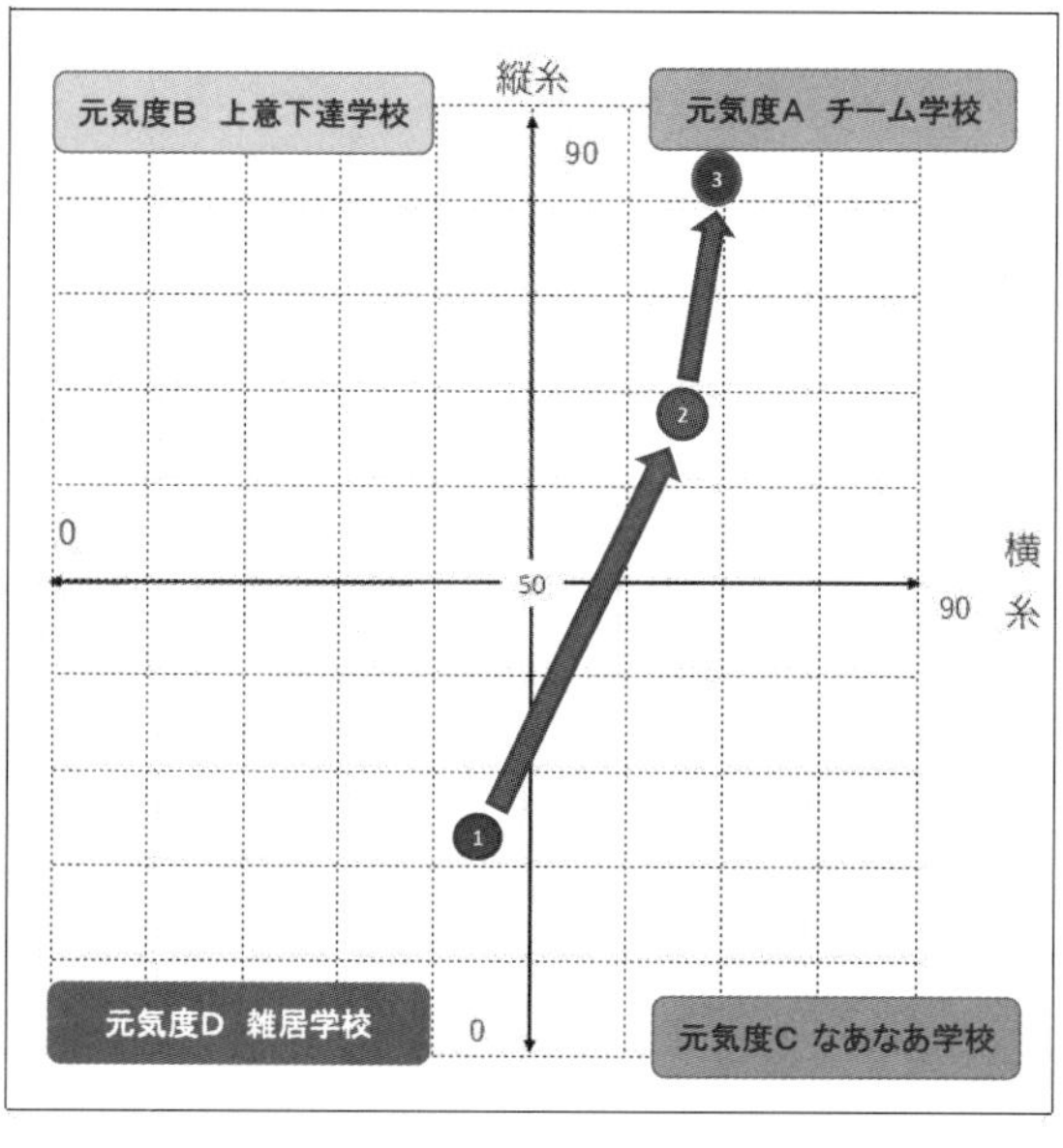

（4）中学校教頭・二本松先生

1．プロフィール

二本松先生は、四十代後半。北海道O町の協瑛中学校で、教頭三年目を迎えていました。協瑛中は、生徒数三百名弱、学級数十四（通常学級九、特別支援学級五）の中規模校。教職員数は、教員が二十四名、教員以外の職員が七名です。道内でも大きなO市のベッドタウンとして発展した新興住宅街の北部に位置しています。地域内のコミュニケーションの希薄さなどから、本校は開校からしばらく荒れた時期を経験しますが、生徒指導の充実を柱に職員一丸となって取り組み、生徒は落ち着いて学校生活を送ることができるようになってきています。この成果は学力面にも現れ、全国学力・学習状況調査でも五年連続で全国平均を大きく上回っています。しかし、経済的に安定している世帯が多い中ですが、就学援助世帯も二割を越え、学力のみならず、不登校問題等、家庭教育力等の格差が課題となっています。また、教員の平均年齢が五十歳程度と高く、平均して授業力は高いものの、組織的取組が成立しにくく、課題への対応にばらつきが見られるのが悩みのタネとのことです。

私は、協瑛中の校内研修会に講師として呼んでいただいたことがあります。その際には、剣道の有段者である二本松先生の温かくバイタリティあふれる仕事ぶりに魅了されました。

2. セッションの記録　（※二は二本松先生、横は横藤）

（1）一回目（着任から一年九か月後の十二月）

横：協瑛中に呼んでいただいたのは、もう一昨年前ですね。その後、皆さんの様子はいかがですか？

二：お陰様で、校長をはじめ皆元気にやっております。講演で伺った「かくれたカリキュラム」を意識して取り組んでいます。

横：ありがとうございます。では、さっそく**「学校づくり　縦糸・横糸チェックリスト」への記入を**お願いします。（記入してもらいました。）

二：この項目を見て、**「管理職も教員である」**ということを再認識しました。そして、**チェックすることにより、自分の不備な点が見え、また具体的に何をすべきなのかが見えてきました。**特に、本校の場合は横糸が課題ですね。

横：確かに、横糸の項目に「できていない」が多くありましたね。例えば、**「横糸2　職員室にはよく明るい笑い声が響く。」「横糸5　教職員は、生徒指導や学級経営について情報交換している。」**が「できていない」だったのは、どんな状況からなのですか？

二：そうですね。**朝の打合せが長く**、教師がいない状況で朝読書を行わせていたり、集会活動では先生たちが体育館の後ろで床に座って談笑していたり、**授業時間に遅れて入ったり**、チャイムが鳴る前に職員室に戻ったりするなどが黙認される風土でした。しかし、それは有意義な情報交換を

していると いう訳ではありません。年配の先生が多いので、お互いに相手の領域には立ち入らないという感じです。高圧的指導をする先生も少なくなかったのですが、**批判することもない代わりに、カバーし合うこともなかった**です。ですから、**学校評価アンケートでは毎回保護者や生徒から指導に対する批判的な内容が多く出されていました**。また、赴任当時、全校生徒の一割近くが不登校、もしくはその傾向にあったのですが、学校側としての解決に向けた取組も組織的に行っている様子がうかがえない状況でした。

横：なるほど。なかなか厳しい状況でしたね。でも、着任してからの二本松先生の取組で、「チーム学校」の方向に動き始めていることが伝わってきます。どんなことをされましたか？

二：「**縦糸1　管理職やミドルリーダーは、教職員が学校経営方針をしっかり意識するよう働きかけている。**」や「**縦糸6　各学年や学級で目指すべき生活や学習のルールは、明確に示されている。**」については、**時宜に合わせて『教頭通信』を発行し、啓発を図るようにした**ことですね。初めのうちは読んでいない教職員も見受けられましたが、興味を持った職員が質問しに来て、私と意見交換し、その内容を学年経営や学級経営に反映してくれることが多くなりました。あと、「**縦糸5　会議や校内研修会は、定刻に始まっている。**」は、大体はできていたのですが、徹底を図りました。

これについては、ちょっとしたトラブルがありました。会議や打合せは職員全員が揃わない状態でも定時で行うようにと指示した結果、重要案件が素通りすることがあったのです。すると、後になってから、その場にいなかった職員がそれに対して、管理職にクレームをつけてきました。私からは**「時間を守るよう指導している立場ですから、結果も受け入れてください。」とだけ述べました。**以降、すべての会議が定時間内で行えるようになりました。でも、後から思えば、これがあったから、後に**組織的な動きもできるようになった**たし、**教職員の人間関係も和やかなものになったのだ**と感じています。

横：ああ、それが縦糸を通すということなのですよね。ぶれない縦糸があるからこそ、教職員は安心して伸びやかになっていくのです。

二：ぶれない指導イメージということでは、**「縦糸9　子供がルールに反した際、教職員は解決のイメージを共有して行動できる。」**も、手応えを感じているところです。例えば、中学校ではありがちなことなのですが、トイレットペーパーが便器の中に落とされていたという生徒指導事案がありました。こういうとき、それまでの本校ですと、

「こういうことがあったから、各学級で指導してください。」

で終わりになりがちでした。しかし、それでは**「解決のイメージを共有して行動」は達成できないと思い、発行したのがこの『教頭通信』**です（166、167ページ）。

横：とても丁寧で具体的な指針ですね。ここまで深く共有を意図する実践は、とても少ないと思います。これなら、先生たちもしっかりと受け止めてくれるでしょう。ぶれようがないです。

二：横糸では、**「横糸2　職員室にはよく明るい笑い声が響く。」**を何とか実現したいと思い、まず

私自身が職員室では元気に明るく、を心掛けました。当初は「笑い」ではなく「生徒の悪口」が中心の「嗤い」が多かったのですが、『教頭通信』などを通して交流を深めた同僚と、「子供は大人の言ったとおりになる。『こいつはダメなやつだ』といえば、子供はダメなやつになるし、『こいつはいいやつだ』といえば、いいやつになろうとする。だから、**職員室はできるだけポジティブな会話で満たそう。**」とよく話しました。このことを実践に移してくれた学年の仲間は今でも学校のポジティブな雰囲気の柱となっています。

ここで一回目のセッションを終えました。

(2) 二回目(五月上旬)

横:前回、不安感から攻撃的になったりする教職員にも、粘り強く対処してきた様子を伺いました。今の協英中はどんな状況でしょうか。(三回目のチェックをしてもらいました。)

二:おっ、甘いのかな。「チーム学校」のゾーンに入りました。

横:いえ、甘いわけではないでしょう。前回課題とおっしゃっていた「**横糸2 職員室にはよく明るい笑い声が響く。**」が特に伸びているのが目を引きますが。

二:実はこれ、けっこう生徒の悪口を言って毒を吐く傾向にあった教員が異動したことが大きいのです。ですから、成果とは言えないでしょう。本当は、その教員をもっと安心させて、明るい気持ちで送り出したかったのですが。

横：そのお気持ち、とてもうれしいです。その先生には、次の学校で頑張って欲しいですね。

二：あと、点数は変わらないのですが、**「横糸10　管理職も児童生徒の全体指導や授業にあたっている。」**も、進んだように感じています。主に始業式・終業式などの儀式的行事では、**私自身が「授業者」としての自覚をもって臨むよう心掛けました。**目標を明確化し、誰よりも早く会場入りして、生徒の様子を見守るようにしました。職員の平均年齢よりも低い私が、**職員に伝える手段としては、「率先垂範」がもっとも手っ取り早く、効果が高い**と考えたからです。具体的には、儀式的行事の会場内での練習、指示を一切なくしました。**儀式的行事は「普段の学校生活の成果が現れる場」**と位置付け、教師は会場内でその成果を見取ることに専念し、どうしても不安であれば事前指導を徹底するよう提案しました。今では生徒はすべて指示なし、原稿なしで儀式的行事に臨めるようになっています。また、生徒との交流と自己の教育技術の研鑽を目的に、道徳の授業もいくつか担当させてもらっていました。

横：う〜ん。いいですねえ。協瑛中学校の生徒たち、教職員が、二本松先生の姿から学ぶ様子が目に浮かびます！『教頭通信』の「穂を刈る前にすべきことは、まず種をまくことである」など、二本松先生の高い教育観と熱い思いが、先生たちを感化しているんだと感じました。

3. 二本松先生からのメッセージ

この「縦糸・横糸チェックリスト」を見て、**「管理職も教員である」**ことをあらためて認識し、うれしく思いました。残念なことに、教頭の中には「校長になるまでは事務仕事を頑張る」などと言う人もいます。

しかし、そうではなく、教師は学び続けることが大切だと思います。学びは視野を広げ、教師に新しい発見をもたらします。それだけでなく、学びに対する謙虚な姿勢こそが、子供を一つの人格として尊重する心情につながっていくのだと考えます。**子供が教師の姿を見て、「こんな大人になりたい」と思えたら、以降の教育活動は自然にダイナミックに展開していくでしょう。**

それと同じで、**管理職の教員としての姿こそが、横糸の数や太さに大きく影響を及ぼしている**と感じました。

これからも全国の同志とともに、謙虚に学び続けたいと思います。

平成 30 年 11 月 20 日　教頭通信

トイレの神様がくれた学びの場

トイレットペーパーの生徒指導案件が今朝、指導部より報告されました。先生方にはトイレ状況の点検と、生徒とのコミュニケーションの充実をお願いしました。早速、空き時間にトイレを確認したり、廊下や教室などで子どもたちと会話したりと迅速に対応していただき、とてもありがたいです。

中間テストが終わって、結果も返されるこの時期、子どもたちは年末の過ごし方の目標を見失いがちなり、どうしても生徒指導案件が増えてきます。生徒指導について何の手立ても講じなければ、12/17～12/21 の週に生徒指導案件が多発し、最悪、未解決のまま冬季休業を迎えてしまいます。

これまでも「ピンチはチャンス」と述べてきました。子どもたちが残り４カ月を充実して生活できるよう、この案件を最大に活かしていきたいものです。

１　「想定キャパ」を広げる

本案件を耳にすると、まず「生徒のいたずら」の可能性を考えます。その確率は高いかもしれませんが、それは確率でしかなく、真実ではありません。そして真実は、当事者以外だれも分かりません。

指導する我々の想定の枠が狭いと、できることが限られてくるため、感情的かつ短絡的な指導しか展開できなくなります。ですから、案件が発生した場合は、「○○に違いない」という固定観念を捨て、できるだけ多くの可能性を想定する必要があります。

また以前にも記したように、「人は自らの経験以上の発想ができない」わけですから、同僚や子どもたちと意見交流することで自らの「想定キャパ」を広げることが、とても大切なのです。

２　朝の会で話す言葉

想定のキャパが広がると、朝の会で、子どもたちにかける言葉が変わります。

例えば、本件の概要を生徒に伝える際、①「トイレットペーパーが便器の中に落ちていた」が事実であるのに、②「トイレットペーパーが便器の中に『落とされていた』」となると、かなり意味合いが変わります。②の言葉を子どもが受け取った場合、「自分ではない」「誰がやったのよ？」と、当事者以外の全員が「他人事」として捉えるようになってしまいます。さらにこれらの案件が再度発生し、同じような話をされた場合、子どもたちの大半は「うんざり」してしまうことでしょう。これは生徒指導の三機能「共感的人間関係の育成」に逆行するわけですから、そもそも「生徒指導」ではなくなるのです。

①の観点から考えると、我々が話すことは「情報提供」「『異常』に遭遇した場合の教師への迅速な報告」それぞれの依頼の２点であることがわかると思います。その上で「公共」についてクラスで考えてみることができれば、「ピンチをチャンス」に変えることができます。

３　「正常」があっての「異常」

本案件を別な視点で見ます。１日の間に「３回」も、トイレ内で「異常」が起こっています。ここで私が感じるのは、この「異常」が、子どもにとっても、さらには我々同僚間でも「異常である」と共有できているか、ということです。「異常」は「正常」を認識して初めて感じるものですから、「正常」の認識レベルが違えば「異常」のとらえ方も変わるわけです。「正常」ってなんだろう。「正常」にはどんな意味があるのだろう。そんなことを子どもや同僚間で話し合ってみるのも面白いかなと思います。

平成 30 年 12 月 11 日　教頭通信

「穂を刈る前にすべきことは、まず種をまくことである」

1　もしかしたら、先に謝罪しなければならないかもしれません。

１１月のいじめアンケート内の設問「あなたは、いじめはどんな理由があっても許されないことだと思いますか。」に対し、本校の約４分の１の生徒が「そう思わない」「わからない」と回答した結果を受けて、私は早急に何らかの手立てを打たなければと模索していました。生徒指導は機動性が命。いじめの加害者・被害者に対する手立てである「消極的生徒指導」と、いじめが起こりにくい文化を作り上げる「積極的生徒指導」の両輪を、タイミングよく回していく必要があります。

そんなある日、生徒会書記局のメンバーが集まる場に遭遇しました。挨拶がてら私はメンバーに次のように問いかけたのです。

「いじめアンケートの結果を受けて、共栄中学校のみんなが仲良くなり、仲間の苦しみを見逃さない学校にしたいと考えているんだよね。先生方の力によらず、自分たちの力で学校をつくっていく。書記局として、何かできること、あるかな？」

始め、狐につままれたような表情のメンバーでしたが、しばらくして

「できます！」

と答えてくれたのでした。この時、このメンバーなら、この学校を主体的によりよく変えてくれるのでは、と確信したのです。以降、私はいじめ対策について、メンバーとは話をしていませんでした。

このいきさつが、今回の「給食交流会」につながったのだとしたら、混乱を招くきっかけになった可能性もあり、申し訳なく思っています。

２　「縦割り」による学校運営

この「給食交流会」、提案のタイミングは別として、書記局がトライしたことは、本校の現状から見れば理にかなっています。学校が荒れている場合、意図的に「縦割り」など学年間交流をなくし、先輩からの「悪しき伝統」を切ることがあります。文化祭において縦割り的要素を取り入れているものが少ない点からも分かるように、本校の教育課程を俯瞰すると、荒れた時代の手法が遺産としていたるところに残っています。しかし、荒れが収まり、学力も文化も向上している今は、「縦割りによる学校文化の継承」に力を入れていくことが大切です。その意味では、書記局は、我々教職員の先を行っちゃった、とも見えるわけです。

次年度、教育課程がタイトになるとお伝えしました。私はこの課題を解決する策の一つとして、この「縦割り」があるとも考えています。

３　Yes.and　/　No.but

我々の教育現場は、いうなれば「人の魅力を引き出す」ことが仕事です。その意味で、社会貢献度の高い企業で実践されている「Yes.and / No.but」が参考になります。例えば、子どもたちから「先生、○○を学級でやりたいのですが…」と訴えてきました。もし、それが OK だとしたら「それはいいですね(Yes)。さらに(and)○○に配慮できるといいですね。」と進めます。また、NG の場合は「今はできないかな(No)。でも(but)そのアイディアは素晴らしいから、○○を工夫しましょう。」と次につなげます。つまり、どちらの場合でも、意見が尊重された、ということを子どもは理解することになります。書記局メンバーの再起を期待しています！

学校づくりマップ（O町立協瑛中学校）

チェック時期：1～2018年4月、2～2019年4月、3～2020年3月

縦　糸	1	2	3
① 管理職やミドルリーダーは、教職員が学校経営方針をしっかり意識するよう働きかけている。	3	6	6
② 管理職やミドルリーダーは、授業を見て気付いた点を教職員に伝えている。	6	6	6
③ 教職員が共有すべき情報は、掲示やプリントにより示されている。	6	6	6
④ 教職員（教員以外も含む）はお互いに丁寧な言葉で話している。	6	6	6
⑤ 会議や校内研修会は、定刻に始まっている。	6	9	9
⑥ 各学年や学級で目指すべき生活や学習のルールは、明確に示されている。	0	3	6
⑦ 特別教室や印刷室、準備室などの共有の場に私物は置かれていない。	6	9	9
⑧ 校内には、有効期限が過ぎた掲示物は貼られていない。	6	9	9
⑨ 子供がルールに反した際、教職員は解決のイメージを共有して行動できる。	3	3	6
⑩ いじめや家出などがあった際は、全教職員が組織的に対応している。	3	6	6
縦糸の合計	45	63	69

横　糸	1	2	3
① 朝や退勤時の挨拶は、管理職も含め、はっきりとした声で交わされている。	3	3	3
② 職員室にはよく明るい笑い声が響く。	0	3	6
③ 管理職やミドルリーダーは、本を教職員との話題にしている。	0	0	6
④ 教職員は、経験年数や在校年数に関係なく意見を述べている。	6	6	6
⑤ 教職員は、生徒指導や学級経営について情報交換している。	0	3	6
⑥ 教職員は、日常的に授業を見合っている。	3	3	3
⑦ 作成したプリントや通信類は、他の教員にオープンにしている。	6	6	6
⑧ 複数で授業をする際は、打合せと振り返りがスムーズにされている。	3	3	3
⑨ 行事の準備や環境整備等の作業時は、全員が協力している。	6	6	6
⑩ 管理職も児童生徒の全体指導や授業にあたっている。	6	9	9
横糸の合計	33	42	54

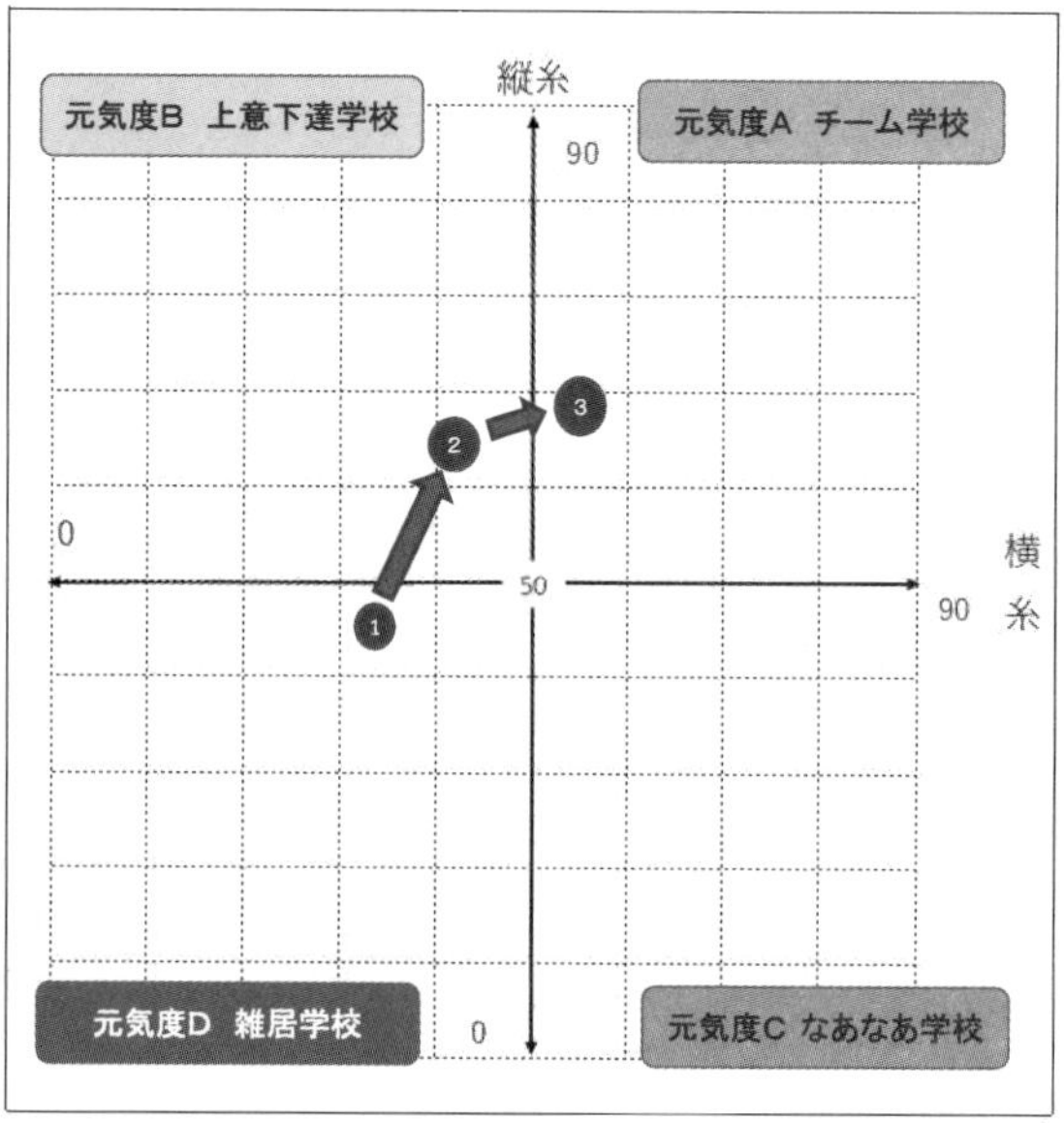

（5）小学校教務主任・富士崎先生

1．プロフィール

富士崎先生は、四十代になったばかり。S市立北野山小学校で五年目を迎えています。五年間のうち、最初の二年間は担任をし、その後一年間はTT、その後教務主任となって二年目です。北野山小は、児童数約三百名。十一学級（通常学級十、特別支援学級一）の中規模校です。閑静な住宅街にあり、近隣には大きなショッピングセンターやホームセンター、体育施設、老人保健施設もあります。近くに大きな川が流れており、毎年町内会が主催するヤマベの放流式に、児童が参加しています。保護者はおおむね協力的で、学校の行事やボランティア活動などに参加してくれる家庭も多いです。塾や習い事に通う児童の割合はS市の中でも高い方なのですが、学力や体力・運動能力が伸び悩んでおり、以前からずっと課題とされていました。

2．セッションの記録（※富は富士崎先生、横は横藤）

（1）一回目（着任から一年九か月後の十二月）

横：富士崎先生は、昨年度から教務主任になられたんですね。教務のお仕事はいかがですか？

富：面白く、やり甲斐があります。ずっと前に、横藤先生のお話を伺ったとき、TTや教務主任の仕事も面白いとおっしゃっていましたよね。そのときは、自分は退職までずっと担任を続けようと思っていましたし、そのときの勤務校の教務主任の疲れた様子から（あ、先輩のことを失礼ですね。）も、本当かなあ、と思っていたのですが、やってみるものですね。

横：では、さっそく「学校づくり　縦糸・横糸チェックリスト」の1と2に記入をお願いします。（記入してもらいました。）

富：記入しましたが、一回目は厳しく、二回目はすごく甘くなっている気がします。いいのでしょうか？

横：確かに、得点の開きは大きいですね。でも、このチェックは主観・直感によるものですから、私はこれくらい変化が見えていいと思います。この一回目と二回目の大きな違いをもたらした具体的な取組を聞かせてください。

富：一回目の縦糸がすべて「たまにできている」になっていますが、実は「できていない」に近い項目もありました。例えば**「縦糸1　管理職やミドルリーダーは、教職員が学校経営方針をしっかり意識するよう働きかけている。」**は、当時の校長先生や教頭先生にも、また教務主任になった私にもほとんどその意識はありませんでした。**校長先生が学校経営方針について話すのは、春休み中の最初の職員会議だけ**で、それを受けて学年会や校務部会でどうするかなどという発想そのものがありませんでした。私は学校要覧の作成を命じられましたし、市教委の教務主任の研修会で学校経営方針を見直す機会がありましたので、少しは意識できましたが。

横：それが二回目、つまり今年は向上していますね。なぜでしょうか？

富：校長先生が替わられたことが大きいです。**今度の校長先生は、学校経営方針を各部、各分掌で具現化してください、とおっしゃいました。「学校経営方針を受けて」という項目を設けるように指示しました。**そこで、教頭先生や私から、学年経営案や各部の運営計画にただ、やはりそのときしか見ない先生たちも相変わらず多いので「大体できている」に留まっています。

横：縦糸では、他に**「縦糸２　管理職やミドルリーダーは、授業を見て気付いた点を教職員に伝えている。」**などが伸びています。

富：それは、私ともう一人の担任外教員によるものです。校長先生や教頭先生は、ほとんど授業は見てはいません。でも、私ともう一人は、**毎日校内を回って丸付けや掲示の手伝いをしたりしながら見取ったことを伝えています。**担任の先生たちには感謝されています。でも、私より年配の先生の中に、「私の学級には来なくていいから。」と言う人もいて、ちょっと悩んでいます。教頭先生にも相談したのですが、仕方ないと……。

横：それは困りますね。それが**「横糸４　教職員は、経験年数や在校年数に関係なく意見を述べている。」**の伸び悩みの理由でしょうか？

富：はい。大体の先生たちは、明るくオープンな感じですし、言葉遣いにも問題はないのですが、その**年配の先生の横暴な物言い**に、ギクシャクとした空気になることがあります。特に、新卒教員に対する言葉遣いが乱暴なことがよくあり、言われた新卒教員が涙目になることもあります。

横：それは、早めに手を打たないと、その新卒さんが危ないですね。ぜひ、校長、教頭先生と相談して、守ってあげてください。富士崎先生は年下ということで遠慮しているのだと思いますが、**年齢よりミドルリーダーの役目を重視して考えた方がいい**と私は思います。

富：はい。そうします！

横：ただし、その**年配の先生も、何か大きな悩みや悲しみを背負っているのだと思います**。そのため不安な状態になっているのでしょう。学校の中に、しっかりと縦糸と横糸が通ることで、その先生も安心し、安定していけるはずです。単にその先生に対して個人的に意見をぶつけても実りは少ないですから、それは避けた方がいいです。他は**「縦糸6　各学年や学級で目指すべき生活や学習のルールは、明確に示されている。」「縦糸8　校内には、有効期限が過ぎた掲示物は貼られていない。」**が伸びていますが、これは？

富：私が関わって指導部・研究部とのコラボで全校統一のルールを、一年がかりで設定することができたことと、**古い掲示物は私が外して歩いていますの**で。あと**「縦糸7　特別教室や印刷室、準備室などの共有の場に私物は置かれていない。」**も、私が孤軍奮闘している状態です。これから、これを広げていかなくてはと思っています。

横：がんばってください。富士崎先生が動く姿を必ず先生たちが見ています。機を見て、仲間を募れば、徐々に広がっていきますよ。そこに、教頭先生も入ってもらえればいいのですが……。

富：**教頭先生は、すごく忙しそうです……**。

横：まあ、校内の見回りを誘うところくらいから取り組まれては？　横糸では、**「横糸6　教職員は、日常的に授業や指導を見合っている。」「横糸8　複数で授業をする際は、打合せと振り返りがスムーズにされている。」**が伸びています。

富：これは、研究部長ががんばってくれた成果です。あと、ＴＴ担当の先生が、各学級で取り組んだＴＴ授業の様子を**『ＴＴ通信』**で報告してくれて、それを先生たちが興味を持って見ています。

横：その『ＴＴ通信』は、一昨年度富士崎先生がＴＴをされていた時に始めたものですね（177ページ）。それを、昨年度からのＴＴ担当の先生も引き継いでくれたんですね。いい動きですね！

ここで一回目のセッションを終えました。

(2) 二回目（五月上旬）

富：横藤先生、聞いてください！　**前回悩んでいると相談させていただいた年配の先生が、笑うようになりました！新卒さんも安心して、明るくなりました。**

横：えっ、それは良かったですね。一体何があったんですか？

富：それが、「これだ！」という理由は思い当たらないんです。やはり校長先生が替わったのが大きかったのだと思います。また、前回横藤先生から「暗い人、攻撃的な人は、実は不安なのだ。」というお話を聞いてから、私も**その先生にできるだけ寄り添って、不安を軽くしようと思ったことが、**

伝わったのかもしれません。

横：そうだとしたら、すごい成果ですね。では、今の状態を「学校づくり　縦糸・横糸チェックリスト」で見てみましょう。（チェックしました。）

富：あっ、**「チーム学校」に入りました。**すごい！　やっぱり！　うれしい！

横：**「縦糸6　各学年や学級で目指すべき生活や学習のルールは、明確に示されている。」**が、また伸びましたね。

富：はい。昨年の五月から、全校統一した「学びのやくそく」ですが、三学期からは**教頭先生が各教室を回ってチェックしてくれるようになったんです。**前回アドバイスしていただいた通り、校内を見回る際に一緒に回ることを誘ったところ、スムーズに。そのとき、教頭先生の授業を見てのコメントの深さに学ぶところも大きかったです。ルールがはっきりしましたので**「縦糸9　子供がルールに反した際、教職員は解決のイメージを共有して行動できる。」**にも、血が通ってきた感じがありますし、**「縦糸10　いじめや家出などがあった際は、全教職員が組織的に対応している。」**は、先日実際に児童が夜帰宅していないことがあった際にも、**組織的な動きができたという実感から、自信をもって「できている」としました。**

横：横糸もグンと伸びました。伸び悩んでいた**「横糸4　教職員は、経験年数や在校年数に関係なく意見を述べている。」**や**「横糸5　教職員は、生徒指導や学級経営について情報交換している。」**が伸びたのも、教頭先生やその年配の先生の変化が大きいのでしょうか？

富：それもありますが、**その人だけでなく、いろんな人やことが絡み合って、いい方向に向かってきたという感じがしています**。そう言えば、三学期は校長先生が御自分から六年生に授業するとおっしゃって、数名ずつですけれど先生たちが参観しに行ったりもしました。まだまだ課題というかしてみたいことはたくさんありますが、まずはこの成果を喜び、また前に進もうと思います。

3．富士崎先生からのメッセージ

二回目のセッションのときには、はっきりとは言えなかったのですが、本校が大きく変わったのは、誰よりも**私自身が変わったから**だと思っています。

一回目のセッションの時、私は年配の先生に関する悩みを横藤先生にぶつけました。先生はそれを受け入れてくださった上で「その先生も不安で苦しんでいる」という話をしてくださいました。目からウロコでした。そのときから、私の、先生たちや子供たち、保護者を見る目が変わり、いろいろなことが良い方向に動き始めたと感じています。

学校が動き始めたと感じた頃から、子供たちの学力や体力・運動能力にも伸びが感じられ始めました！　そんな成長のチャンスを与えてくれた「学校づくり　縦糸・横糸チェックリスト」は、具体的でとても分かりやすく、考えを深めるきっかけに満ちた『宝箱』だと思います。また、年に何度でも、迷うことがあったら自分でチェックしていきたいと思います。これからも楽しく頑張ります！

だから，小数点を右にずらして，それで８．３の小数点も右にずらして，だから７７０÷８３と同じになって，…」と「…て，…て，…」と一つながりにつなぎながら考えて，グチャグチャになってしまっていることに気付きました。

ちょうどそのときに，□□先生が全員を起立させて一斉に筆算の仕方を暗唱させました。それを聞いていると，ほとんど全員が「…て，…て，…」でしたので，ちょっと入らせてもらいました。

「今，みんなの説明を聞いていると，とってもわかりにくいです。それは，どうしてかというと，『…て，…て，…』と，つなげて言っているからです。こういう説明は，次のようにします。」

「まず，７７は７７．０と同じだから，小数点を右にずらして，７７０だと考えます。そして，８．３の小数点も右にずらして，８３だと考えます。だから７７０÷８３と同じになります。…」

「このように，文を短く切ることで，ぐっとわかりやすくすっきりとします。『。』がたくさんつくほどすっきりします。『。』１つが，５００円玉だと思えばいい。さっきのだらだらつなげる説明は，５００円の価値しかありませんが，切ってわかりやすく説明すると，価値が高くなるのです。」

このように指導して，言い直しをさせますと，「あ，俺６５００円だった。」などと楽しそうに取り組んでいました。

(4)6年国語「四字熟語」

四字熟語の学習，発展部分をＴ１でさせていただきました。（その前の四字熟語クイズづくりもとってもおもしろかったです。）私がやったのは，「四字熟語で人物紹介」です。

以下の四字熟語紹介文を作成し，OHP で映し出して，１行ずつ出していきました。

富士崎、自慢バージョン
頭脳明晰
人格円満
一目瞭然
自画自賛

富士崎、人生甘くはないぞバージョン
急転直下
青色吐息
七転八倒
四苦八苦

富士崎　みじめバージョン
意識朦朧
心神衰弱
心神喪失
意気消沈

子供たちは，新たな１行が出るたびに，どっと笑ったり「やっぱり…」などと楽しんでいました。ちなみに，この四字熟語を４つ並べることであるストーリーが見えてくる形式を，私は「１６字劇場」と名付けました。

（続く）

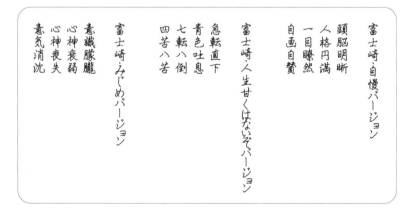

TT通信

No. 43　平成30年10月16日（火）発行

第23〜24週の実践から

（2）4年算数「小数」

〇〇学級が，次の問題に取り組んでいました。

> 水が，大きいポットには2．5リットル，小さいポットには1．9リットル入ります。水はあわせて何リットル入りますか。

式が2．5＋1．9と確認され，それをどう考えるかという場面に入りました。

子供たちの中から「25＋19」と同じに計算すればよいという考えが出されました。

「じゃあ，2．5＋1．9＝44なんだね。」と〇〇先生。子供たちは一斉に「違う！」

なかなかうまい授業運びです。私は，主にD君について個別指導です。

元気な子が数人出てきて「25＋19＝4．4」のように，答えだけに小数点を振りました。ここで〇〇先生が先に進もうとしましたので，ちょっと入らせてもらいました。

「25＋19＝4．4と書いてあるね。これは，良いと思う人はノートに〇。違うと思う人は×を書きなさい。」

5秒後，挙手させると〇は少数，×が多数です。

「では，×の人はなぜ×なのか，説明してもらおうかな。」

こういうと，挙手する子はなんと4名に減ってしまいました。式や等号というものの意味が分かっていないのです。4名の子に等号は，右と左が同じ値でないといけないことを説明させた後，次のようにたとえ話をしました。

「この25や19は，計算がわかりやすいように10倍したんでしょ？だから答えも10倍になっているんだよね？それを勝手に答えだけ知らない内に元に戻してはルール違反になるのです。みんなでドラえもんごっこをしようと決めたのに，勝手に『月にかわってお仕置きよ！』とやったら，ダメでしょ？　ここは，10倍の約束なのだから，答えも10倍。元に戻すなら，問題の方も戻してしないとね。」

子供たちは大笑いしながら聞いていましたが，等号の意味と式の約束事を理解してくれたかな？

（3）5年算数「小数のわり算」

□□学級で，小数のわり算の筆算をしていました。私はT2で，一人一人のノートを見て，小数点の位置が分かっているかどうかをチェックして歩きます。迷っている子には，その前の問題と比較させるなどしたり，はっきりと分かっているところまでをその子に説明させたりしていました。そのときに，迷っている子ほど「まず，77は77．0と同じ

学校づくりマップ（学校名：S市立北野山小学校　）

チェック時期：1～2018年4月、2～2019年10月、3～2020年3月

縦　糸	1	2	3
① 管理職やミドルリーダーは、教職員が学校経営方針をしっかり意識するよう働きかけている。	3	6	6
② 管理職やミドルリーダーは、授業を見て気付いた点を教職員に伝えている。	3	6	6
③ 教職員が共有すべき情報は、掲示やプリントにより示されている。	3	6	6
④ 教職員（教員以外も含む）はお互いに丁寧な言葉で話している。	3	3	3
⑤ 会議や校内研修会は、定刻に始まっている。	3	3	9
⑥ 各学年や学級で目指すべき生活や学習のルールは、明確に示されている。	3	6	9
⑦ 特別教室や印刷室、準備室などの共有の場に私物は置かれていない。	3	3	3
⑧ 校内には、有効期限が過ぎた掲示物は貼られていない。	3	9	9
⑨ 子供がルールに反した際、教職員は解決のイメージを共有して行動できる。	3	3	6
⑩ いじめや家出などがあった際は、全教職員が組織的に対応している。	3	3	6
縦糸の合計	30	48	63

横　糸	1	2	3
① 朝や退勤時の挨拶は、管理職も含め、はっきりとした声で交わされている。	3	3	6
② 職員室にはよく明るい笑い声が響く。	3	6	9
③ 管理職やミドルリーダーは、本を教職員との話題にしている。	6	6	9
④ 教職員は、経験年数や在校年数に関係なく意見を述べ合っている。	3	3	6
⑤ 教職員は、生徒指導や学級経営について情報交換している。	3	3	6
⑥ 教職員は、日常的に授業や指導を見合っている。	3	6	6
⑦ 作成したプリントや通信類は、他の教員にオープンにしている。	3	3	6
⑧ 複数で授業をする際は、打合せと振り返りがスムーズにされている。	3	6	6
⑨ 行事の準備や環境整備等の作業時は、全員が協力している。	6	6	6
⑩ 管理職も児童生徒の全体指導や授業にあたっている。	3	3	6
横糸の合計	36	45	66

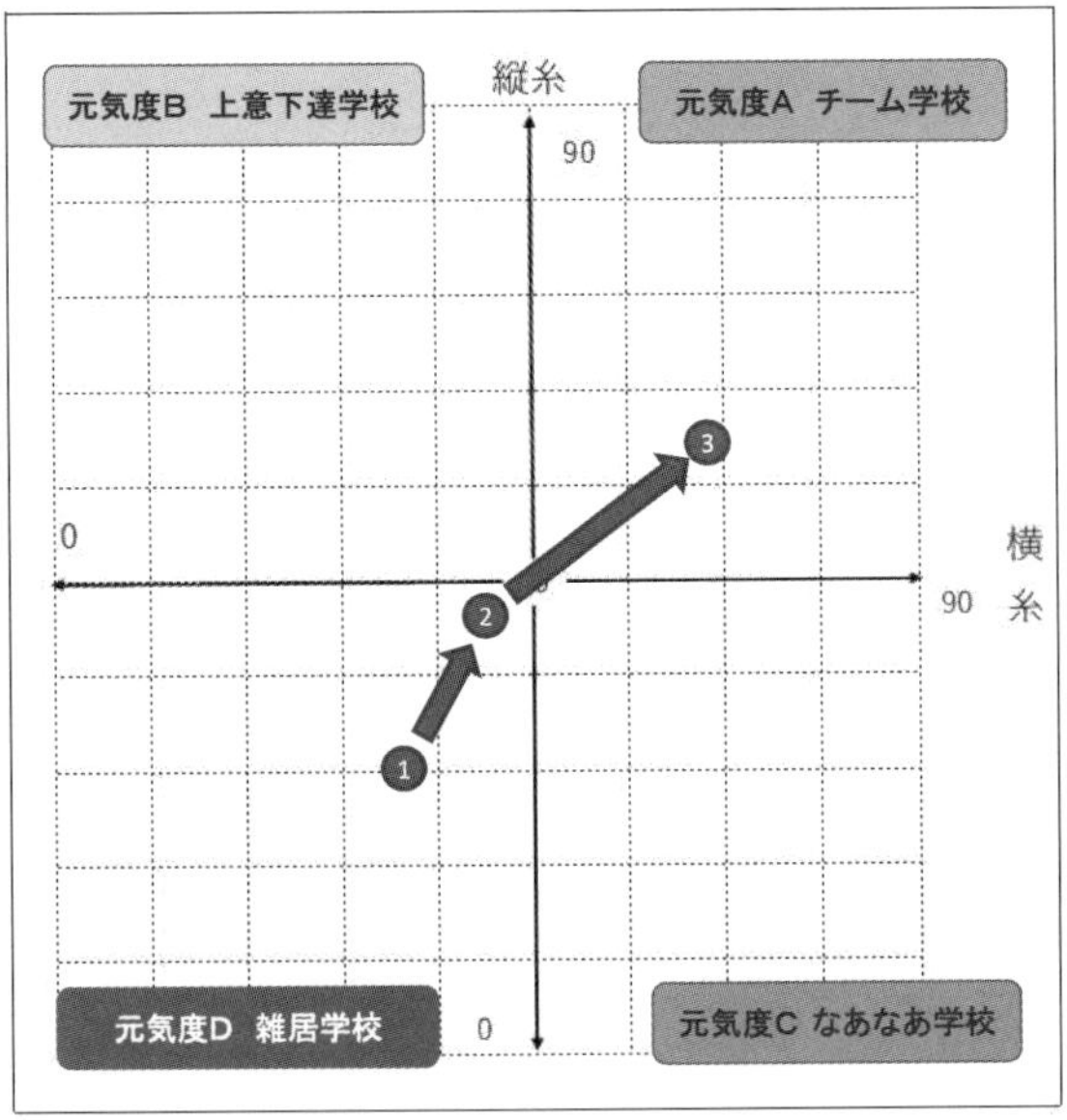

付録

ここには、以下を掲載しています。

①「学校づくり　縦糸・横糸チェックリスト」（３回チェック版）と「学校づくりマップ」

②校内観察の見どころ

③授業場面問題写真集

なお、この①と②のデータにつきましては、さくら社のウェブサイトに掲載してあります。紙面のQR コードを読み取って御活用ください。

また、③授業場面問題写真集も、同様にQRコードからカラーの大きな写真を入手できます。各写真の解説を見ることもできますので御活用ください。

学校づくり 縦糸・横糸チェックリスト

回答者		1	2	3
	学校名:			
	職名・氏名:　　　　・	年 月	年 月	年 月

いつもできている◎（9点）　大体できている○（6点）　たまにできている△（3点）　できていない×（0点）

縦　糸	記号	点数	記号	点数	記号	点数
① 管理職やミドルリーダーは、教職員が学校経営方針をしっかり意識するよう働きかけている。						
② 管理職やミドルリーダーは、授業を見て気付いた点を教職員に伝えている。						
③ 教職員が共有すべき情報は、掲示やプリントにより示されている。						
④ 教職員（教員以外も含む）はお互いに丁寧な言葉で話している。						
⑤ 会議や校内研修会は、定刻に始まっている。						
⑥ 各学年や学級で目指すべき生活や学習のルールは、明確に示されている。						
⑦ 特別教室や印刷室、準備室などの共有の場に私物は置かれていない。						
⑧ 校内には、有効期限が過ぎた掲示物は貼られていない。						
⑨ 子供がルールに反した際、教職員は解決のイメージを共有して行動できる。						
⑩ いじめや家出などがあった際は、全教職員が組織的に対応している。						
縦糸の合計						

横　糸	記号	点数	記号	点数	記号	点数
① 朝や退勤時の挨拶は、管理職も含め、はっきりとした声で交わされている。						
② 職員室にはよく明るい笑い声が響く。						
③ 管理職やミドルリーダーは、本を教職員との話題にしている。						
④ 教職員は、経験年数や在校年数に関係なく意見を述べている。						
⑤ 教職員は、生徒指導や学級経営について情報交換している。						
⑥ 教職員は、日常的に授業や指導を見合っている。						
⑦ 作成したプリントや通信類は、他の教員にオープンにしている。						
⑧ 複数で授業をする際は、打合せと振り返りがスムーズにされている。						
⑨ 行事の準備や環境整備等の作業時は、全員が協力している。						
⑩ 管理職も児童生徒の全体指導や授業にあたっている。						
横糸の合計						

学校づくりマップ（学校名：　　　　　　　　　　）

記入者（　　　　　）、チェック時期：1～　　年　月、2～　　年　月、3～　　年　月

縦　糸	1	2	3
① 管理職やミドルリーダーは、教職員が学校経営方針をしっかり意識するよう働きかけている。			
② 管理職やミドルリーダーは、授業を見て気付いた点を教職員に伝えている。			
③ 教職員が共有すべき情報は、掲示やプリントにより示されている。			
④ 教職員（教員以外も含む）はお互いに丁寧な言葉で話している。			
⑤ 会議や校内研修会は、定刻に始まっている。			
⑥ 各学年や学級で目指すべき生活や学習のルールは、明確に示されている。			
⑦ 特別教室や印刷室、準備室などの共有の場に私物は置かれていない。			
⑧ 校内には、有効期限が過ぎた掲示物は貼られていない。			
⑨ 子供がルールに反した際、教職員は解決のイメージを共有して行動できる。			
⑩ いじめや家出などがあった際は、全教職員が組織的に対応している。			
縦糸の合計			

横　糸	1	2	3
① 朝や退勤時の挨拶は、管理職も含め、はっきりとした声で交わされている。			
② 職員室にはよく明るい笑い声が響く。			
③ 管理職やミドルリーダーは、本を教職員との話題にしている。			
④ 教職員は、経験年数や在校年数に関係なく意見を述べ合っている。			
⑤ 教職員は、生徒指導や学級経営について情報交換している。			
⑥ 教職員は、日常的に授業や指導を見合っている。			
⑦ 作成したプリントや通信類は、他の教員にオープンにしている。			
⑧ 複数で授業をする際は、打合せと振り返りがスムーズにされている。			
⑨ 行事の準備や環境整備等の作業時は、全員が協力している。			
⑩ 管理職も児童生徒の全体指導や授業にあたっている。			
横糸の合計			

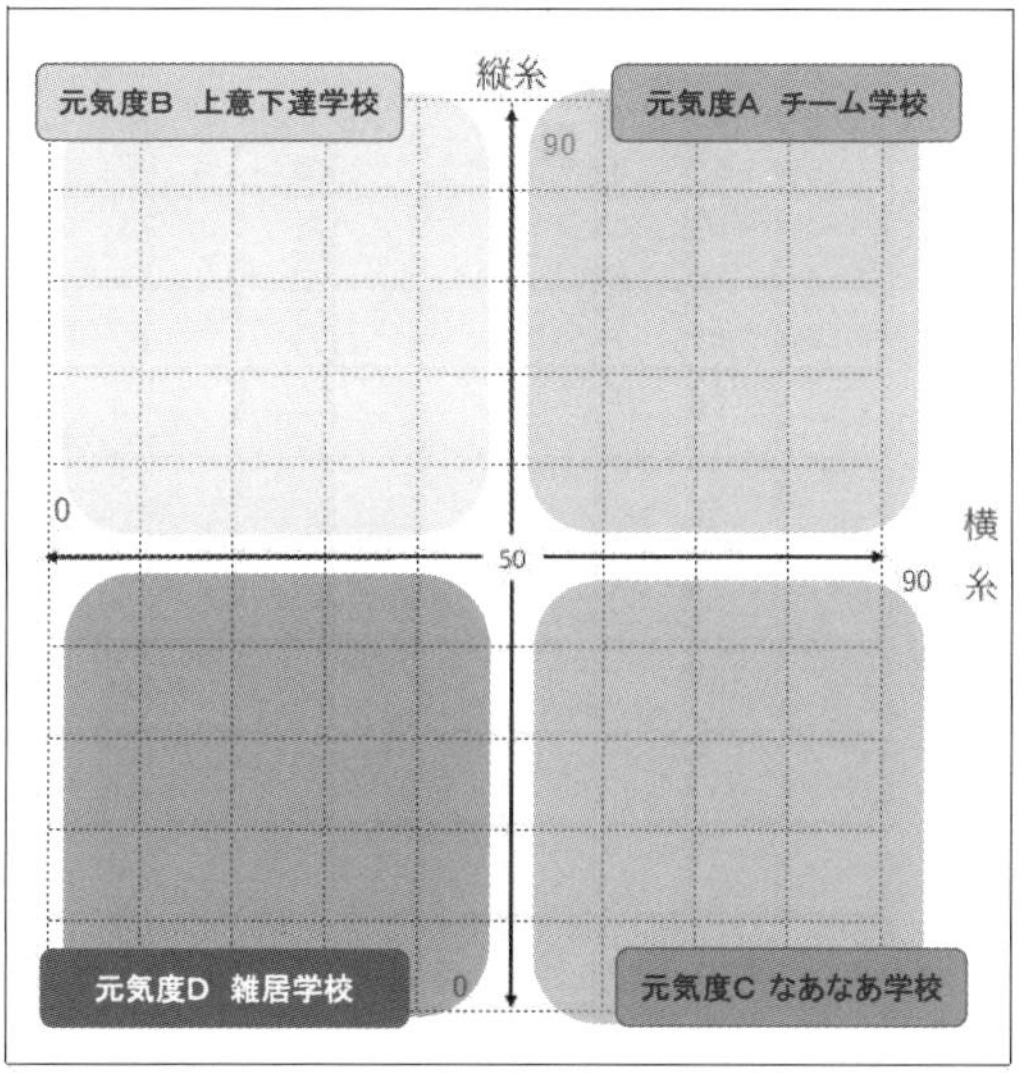

※エクセルの自動計算シートがあります。ＱＲコードを読み取って御活用ください。

②校内観察の見どころ

校内で見るべきところは、実にたくさんあります。代表的な見どころを記します。

【物的環境】

□床、黒板、黒板消し、壁、カーテンはきれいか。雑巾はきちんと掛けられているか。

□掲示物は四隅が画鋲で留められているか。締切の切れた掲示物はないか。掲示物の見どころなどは示されているか。

□学習掲示物は、情報量が多すぎないか。文字の大きさや色使いなどは適切か。

□特定の子の作品だけが連続して掲示されていないか。

□教卓、コートかけ、跳び縄、本棚、鍵盤ハーモニカ等の棚、道具入れなどに乱れはないか。

□机は曲がっていないか。空いている教室の机は整頓され、机上もきれいか。

□子供たちの机には、落書きや給食の汚れはないか。机の中の物はきちんと収まっているか。

□テレビ台やテレビの裏などにほこりが溜まっていないか。

□トイレや廊下のごみ箱はきちんと使われているか。

【教師】

□服装、目線、声、言葉遣い、立ち位置は適切か。

□温かな表情か。腕組みや後ろ手など、子供と無意識に距離を置く所作はないか。

□ 教室の換気や採光への配慮はあるか。
□ 危機管理意識はあるか。特に体育や家庭科、理科実験などでは、安全に十分に配慮しているか。
□ 教材研究に明らかな間違いはないか。
□ 課題は明確で、まとめまで見通したものか。
□ 板書の文字に誤字や筆順の間違いはないか。
□ 指示や発問、活動（身体、話し合い、音読、ノート）の設定等は適切か。
□ 活動の条件やゴール、ルールなどは適切か。
□ 指示に揺れはないか。きちんと見取り、適切にフォローしているか。
□ 全員参加を意図しているか。
□ 体育では、準備運動や整理運動などをきちんとしているか。
□ 空白の時間は生じていないか。
□ 指示棒を使うなどして、明快に指し示しながら説明しているか。
□ 机の配置は学習活動に見合ったものか。
□ プリントやＩＣＴ（実物投影機など）により効率化が図られているか。
□ 説明後に子供から質問を受け付けているか。
□ まとめは子供の言葉や気付きを生かした自然なものか。
□ 習熟の時間は保障されているか。

□ 個別対応はしているか。
□ 間違えた子や答えへのフォローはされているか。
□ 欠席者への配慮はされているか。
□ 子供の理解度や反応の状況に応じて、ダメ出しややり直し、復唱などをさせて鍛えているか。
□ 適度なユーモアはあるか。

【子供】

□ 靴は丁寧に靴箱に入れてるか。傘は、丁寧にしまわれているか。
□ 表情はどうか（真剣、集中、明るい、仲が良い、教師や他の子への信頼、間違いへのおそれなど）。
□ 机が離れているとか、話合い時に頭が離れているなどしていないか。
□ 特定の子に対する差別的な言動（距離や反応の悪さ、嗤いなど）はないか。
□ 学習課題や作業の指示は正しく把握されているか。
□ 学習ルールは意識し、守っているか。机の上や中は整理されているか。
□ 姿勢は崩れていないか。鉛筆の持ち方は正しいか。
□ 言葉遣いは適切か。
□ どのような自己評価がなされているか。
□ 相手意識をもって発表しているか。（目線、声量、問いかけ、手の動き。見える化等）

③授業場面問題写真集（協力：北海道広尾町立広尾小学校）

写真から問題点を見つけ、代案を考えましょう。

鮮明な写真（カラー）と解説はこちら

① 机間巡視

② 丸付け

③ グループの話合い

④ 授業でのテレビ視聴

⑤ 板書

⑥ 本の図版を提示

問題点は、いくつ見つけられたでしょうか。

何人かでわいわい言いながら見つけ、改善のアイディアを出し合うことで、自然に授業を見合う目が育っていきます。

コラム「かくれたカリキュラム」

宇佐美寛先生は、『国語科授業批判』（明治図書出版　1986 年）の中で、小学校の国語教材「一つの花」の発問を例に挙げて言われました。（149 ～ 150 ページ）

「そんな時、お父さんはきまってゆみ子をめちゃくちゃに高い高いするのでした。」（一つの花）この箇所について、「この時のお父さんの気持ちは、どんなだろうか。」という発問がある。「何とも言いようがない気持ちだ。」としか言いようがない。言葉で限定することなど出来ない複雑な気持ちなのである。だからこそ、何も言えず「めちゃくちゃに高い高い」したのである。「お父さん」の気持ちに共感していればいるほど、胸がせまって口に出す気にはなれないのである。（略）

国語の授業を通じて、子どもは「国語の時間での想像は教師の期待に合わせて行なうのだ。しかも、想像したという証拠を教師の気にいるような言葉で示さねばならないのだ。」ということを教わり続けているわけである。これは、教師が意図も意識もせずに教え続けている教育内容であり、いわゆる「かくれたカリキュラム」（hidden curriculum）である。

授業における「教師が意図も意識もせずに教え続けている教育内容」と同じものが、学校づくりにおいても実に多くあります。しかし、かくれているだけになかなか気づけません。また、自分に問題があると思えないため、子供や保護者のせいにしてあきらめたり、他の教職員のせいにして反目し合ったりして、学校がおかしくなっていくのです。管理職やミドルリーダーは、学校づくりにおける「かくれたカリキュラム」に敏感になるべきです。

学校づくりにおける「かくれたカリキュラム」については、次の拙著が参考になります。

『その判断、学校をダメにします！　管理職・主任のための「かくれたカリキュラム」発見・改善ガイド』（横藤雅人・武藤久慶著　明治図書出版　2016 年）

おわりに

本書を読んで、元気が出ましたか？

管理職やミドルリーダーの皆さんに、元気な学校づくりを実現して欲しい、その一心で本書を書きました。

本書を読んで、

「なるほど！」「面白そう！」「やってみたい！」

と元気を出していただけたなら、筆者としてこれ以上の喜びはありません。

あなたの元気が、元気な学校をつくり出すこと、間違いありません。

さて、元気な学校づくりのためのチェック項目は、本書で提案した以外にも考えられます。

例えば、縦糸の「管理職やミドルリーダーは、授業を見て気付いた点を教職員に伝えている」では、「授業」を「靴箱」にするかどうか迷いました。いい学校づくりをしている学校のリーダーたちの多くは、子供たちの靴箱もよく見ているからです。朝や休み時間後の靴箱を見ると、子供たちの心がよく見えます。いつもきちんと揃えている子の靴が乱れていたとしたら、朝、家の人に叱られてきたのかもしれません。あるいは、登校途中や外遊びの際に、友達とトラブルがあったのかもしれません。乱れている靴をそっと直しながら、その子を覚え、授業中の表情を見たり、そっと担任に「注意して見てあげてください。」などと伝えることの効果もとても大きいものです。

しかし、「授業を見て」がしっかりできる管理職やミドルリーダーは、靴箱もよく見ていますし、やはり授業の方がチェック内容としては優ると思い、「授業」としました。

また、教員以外の職員（事務職員、用務員、給食関係、学習補助員、スクールカウンセラー、図書館司書など）と教員の間に壁が無いかもチェックしたいと思いました。うまくいっている学校では、教員以外の職員も誇りをもち、明るい表情で働いていることが多いからです。しかし、項目数を抑えるため、その内容は「明るい笑い」の中に入れることにしました。

このように、示した項目は、完成されたものではありません。一つの提案として捉えていただければと思います。

さて、本書が刊行される二〇二一年から、私は瀬戸市に開校した私立・瀬戸ＳＯＬＡＮ小学校の校長を務めています。世界を舞台に活躍できる人材の育成を目指し、学校経営を進めます。

学校経営は、もちろん「織物モデル」で取り組みます。自らも、「学校づくり　縦糸・横糸チェックリスト」を活用し、チーム学校を目指して取り組んで参ります。その様子は、本校のホームページでも発信していこうと思いますので、どうぞ御覧ください。

https://www.seto-solan.ed.jp/

最後に、この場を借りて、御協力くださったすべての皆様に心から感謝を申し上げます。

北海道広尾町立広尾小学校の皆さんには、「劇団・広尾小」を結成していただき、貴重な写真を提供していただきました。これにより、伝えたいことをはっきりと示すことができました。

多くの管理職やミドルリーダーの皆さんが、「学校づくり　縦糸・横糸チェックリスト」を活用し、元気な学校づくりを実現してくださったおかげで、元気な学校づくりの要件がはっきりとしました。

さくら社の横山験也社長、良知令子副社長には、筆の遅い私を温かく待っていただきました。また、構成などに親身なアドバイスをいただきました。

本当に、本当にありがとうございました。

ウィズコロナの時代が始まっています。学校を元気にして、乗り切っていきましょう！

令和三年六月

著者記す

著者紹介

横藤雅人　（よこふじ・まさと）
1955 年北海道留萌市生まれ。北海道教育大学卒。北海道で小学校教員として務めた後、2016 年から 5 年間北海道教育大学にて教員を目指す学生や院生の指導に当たる。小学校教員の頃から、学級経営や授業についての提案を著作や模擬授業、講演などで全国に発信。保護者向けにも家庭教育のあり方や学校との連携の仕方などについて雑誌や講演で発信してきた。
2021 年からは、愛知県瀬戸市に開校した私立・瀬戸 SOLAN 小学校校長。

〔おもな著書〕
『子供たちからの小さなサインの気づき方と対応のコツ—どの子も輝く学級づくり』（2006 年／学事出版）
『学級経営力・低学年学級担任の責任』（2006 年／明治図書出版）
『小学校学級担任の 12 ヵ月 低学年』（2008 年／ひまわり社）
『イラスト版からだに障害のある人へのサポート—子どもとマスターする 40 のボランティア』（2010 年／合同出版）
『必ずクラスがまとまる教師の成功術！』（2011 年／学陽書房）
『野口流国語授業—真剣勝負場面 7』（2012 年／明治図書出版）
『その指導、学級崩壊の原因です！「かくれたカリキュラム」発見・改善ガイド』（2014 年／明治図書出版）
『日常授業の改善で子供も学校も変わる！ 学力向上プロジェクト』（2015 年／明治図書出版）
『その判断、学校をダメにします！ 管理職・主任のための「かくれたカリキュラム」発見・改善ガイド』（2016 年／明治図書出版）　他多数

〔ホームページ〕
共に育つ　http://www3.plala.or.jp/yokosan/

元気な学校づくりの秘訣

管理職・ミドルリーダーのための縦糸・横糸20項目のチェックと改善提案

2021年7月7日　初版発行

著　者　横藤雅人

発行者　横山験也

発行所　株式会社さくら社

〒101-0051　東京都千代田区神田神保町2-20 ワカヤギビル5F

TEL：03-6272-6715／FAX：03-6272-6716

https://www.sakura-sha.jp　郵便振替00170-2-361913

印刷・製本　株式会社　丸井工文社

ISBN978-4-908983-53-5　C0037

さくら社の理念

●書籍を通じて優れた教育文化の創造をめざす

教育とは、学力形成を始めとして才能・能力を伸ばし、目指すべき地点へと導いていくことでしょう。しかし、そこへと導く方法は決して一つではないはずです。多種多様な考え方、やり方の中から、指導者となるみなさんが自分に合った方法を見つけ、実践していくことで、教育文化は豊かになっていきます。さくら社は、書籍を通じてそのお手伝いをしていきたいと考えています。

●元気で楽しい教育現場を増やすことをめざす

教育には継続する力も必要です。同時に、継続には前向きな明るさ、楽しさが必要です。先生の明るい笑顔は子どもたちの元気を生みます。子どもたちの元気な笑顔で先生も元気になります。みんなが元気になることで、教育現場は変わります。日本中の教育現場が、元気で楽しい力に満ちたものであるために——さくら社は、書籍を通じて笑顔を増やしていきたいと考えています。

●たくましく豊かな未来へとつなげることをめざす

教育は、未来をつくるものです。教育が崩れると未来の社会が崩れてしまいます。教育がたくましくなれば、未来もたくましく豊かになります。たくましく豊かな未来を実現するために、教育現場の現在を豊かなものにしていくことが必要です。さくら社は、未来へとつながる教育のための書籍を生み出していきます。